开放银行实践与发展研究

中国银行业协会行业发展研究委员会 ◎ 编

中国金融出版社

责任编辑：李 融 李林子
责任校对：张志文
责任印制：丁淮宾

图书在版编目（CIP）数据

开放银行实践与发展研究/中国银行业协会行业发展研究委员会编. —北京：中国金融出版社，2020.11

ISBN 978 – 7 – 5220 – 0870 – 7

Ⅰ.①开… Ⅱ.①中… Ⅲ.①商业银行—银行业务—研究 Ⅳ.①F830.33

中国版本图书馆CIP数据核字（2020）第207672号

开放银行实践与发展研究
KAIFANG YINHANG SHIJIAN YU FAZHAN YANJIU

出版
发行　中国金融出版社
社址　北京市丰台区益泽路2号
市场开发部　（010）66024766，63805472，63439533（传真）
网上书店　http://www.chinafph.com
　　　　　（010）66024766，63372837（传真）
读者服务部　（010）66070833，62568380
邮编　100071
经销　新华书店
印刷　保利达印务有限公司
尺寸　169毫米×239毫米
印张　9
字数　103千
版次　2020年11月第1版
印次　2020年11月第1次印刷
定价　38.00元
ISBN 978 – 7 – 5220 – 0870 – 7
如出现印装错误本社负责调换　联系电话（010）63263947

编委会

主　　编：潘光伟
副 主 编：徐　瀚　周更强
编　　审：杨　涛　肖　翔　何大勇　刘晓蕾　李国平
编　　委：曾学文　杨宇红　王申科　汪　航　孙怀宇　李　跃
　　　　　李岩玉　杨　驰　洪建帮　席海波　陈龙强　李伟东

课题负责人：李　健
课题牵头人：曾学文　杨宇红
课题协调人：黄奕桦

执笔人：
中 国 农 业 银 行：潘子杰　吴昊泽　李金凯　唐兆涵　饶　萍
　　　　　　　　　靳相伟　姜　峰　吕芙蓉　沈玉阳
中 国 建 设 银 行：白云飞　杨　洋
中国邮政储蓄银行：姜家琳　王思佳
招　商　银　行：李关政　代春兰　周　曦　孙燕峰
平　安　银　行：廖秀梅　陆　皓　杨垚立
中 国 民 生 银 行：董运佳　廖贝妮　程斌琪
华　夏　银　行：方梦然
东　亚　银　行：许旭慧　黄分星　刘一泽
徽　商　银　行：胡广宇
百　信　银　行：刘峻榜
同　盾　科　技：袁伟斌　郭　丽　郭近雪

序言

近年来，金融科技助力银行业数字化转型取得明显成效，银行业从电子化、移动化向智能化银行迭代演进，业务和管理抗冲击能力大大增强。2020年突如其来的新冠肺炎疫情虽给银行传统线下业务带来严重影响，但对优先布局金融科技、服务模式优化较多的银行来说，其良好的线上服务和可靠的应急响应形成的较强客户黏性，有效对冲了线下服务暂时中断带来的影响，疫情期间的金融服务同比逆势增长。当然，与大型互联网综合金融服务平台相比，疫情期间的银行线上服务由于多局限在自有渠道，没有与外部生态形成良好的互动，存在服务半径不宽、场景嵌入不深、需求响应不快等短板，现有服务模式有着深入变革的巨大空间。

随着数字经济向纵深发展，产业环境呈现以下演变：一是开放生态转向生态开放；二是互联网产业转向产业互联网；三是数字全球化转向全球数字化。同时，客户需求也发生了转变，更追求快速、可靠、便捷和个性化服务。伴随应用程序接口（API）等技术应用逐渐成熟稳定，能够安全快捷地与外部生态系统共享数据、算法、交易、流程和其他业务功能的开放银行模式应运而生。它由于能满足客户对快速、可靠、便捷和个性化服务的追求，不仅颠覆了银行传统模式下依靠网点和线上App获客的模式，而且能够有效突破流量瓶颈，开辟第二增长曲线，成为开放、合作、共赢的跨界"行商"。开放银行的发展运用将促使银行"朋友圈"

越来越大、"好伙伴"越来越多、合作质量越来越高。

作为具有Bank4.0时代特点的商业模式,开放银行已受到监管和业界高度关注,在助力银行数字化转型方面发挥越来越重要的作用。从商业银行视角来看,国内一些大中型银行和互联网银行率先推出"开放银行"战略并进行了较多实践。具体而言,通过自建、合作或者参与等策略搭建符合自身禀赋和业务需求的开放银行模式,银行向第三方集成开放核心业务功能以扩展产品,根据用户需求定制服务产品,降低对长尾客户服务成本,从而延伸经营触角,培育并融入外部生态系统,真正实现银行是一种融入、嵌入客户生产生活场景中,无所不在、无微不至的服务。从监管角度看,与国外自上而下进行推动的发展路径有所不同,国内总体上对开放银行持审慎包容、乐见其成的态度。《金融科技(FinTech)发展规划(2019—2021年)》提出,鼓励银行业构建开放、合作、共赢的金融服务生态体系,《商业银行应用程序接口安全管理规范》是首份关于运用开放银行模式的监管政策和行业标准,明确了商业银行应用程序接口的类型与安全级别、安全设计、安全部署、安全集成、安全运维、服务终止与系统下线、安全管理等安全技术与安全保障要求。随着商业银行开放银行实践日趋丰富,监管政策将会更趋完善。从中长期来看,破除信息壁垒、实现数据开放是开放银行的核心要义,如何推进国内银行从技术和业务开放真正走向数据开放仍需要大量实证和理论研究支撑。总体而言,开放银行对优化金融供给侧结构性改革,构建多层次、广覆盖、差异化的金融体系具有重要意义,疫情冲击也将加速开放银行发展,未来银行提供金融服务的模式将从网点经济、App经济跨越到API经济。

从上述实践和监管背景来看,《开放银行实践与发展研究》

一书可谓恰逢其时,意义重大。一是通过系统研究,总结中国银行业发展开放银行的必要性、优势和局限,提供不同类型银行实施开放银行的路径和方法建议,帮助业者树立开放银行的概念和思维。二是认真梳理推出一批开放银行建设最佳实践,为行业提供范式参考,对社会各界尤其是银行业发展开放银行提供了战略规划和实施策略方面的重要借鉴。三是为监管部门提供有价值的政策参考,有利于相关技术标准的制定。

  本书在编写上也颇具特色。在选题上重点突出,高度聚焦开放银行发展的"前世今生""古今中外"。在结论上亮点纷呈,能够基于国内实践特点,较为清晰地界定开放银行概念内涵。在案例分析中,将书面访谈和实地调研有机结合,通过大量生动翔实的调查数据和实证分析,由点到面、由表及里剖析了发展趋势和实践要义。在政策建议方面视野宽阔,能够从金融基础设施、社会信用体系建设、投资者教育等容易被忽视的外在因素上着眼,全局性和针对性强。

  世界正面临百年未有之大变局。银行业唯有通过创新寻求自我蝶变,拥抱金融科技,善用金融科技,增强主动适应外部形势和市场需求变化的能力,才能在危机中育新机,于变局中开新局,为实现"两个一百年"奋斗目标和中华民族伟大复兴的中国梦贡献更大力量。

  庚子年八月是为序。

中国银行业协会党委书记、专职副会长 潘光伟

目 录

第一章 开放银行的发展背景与影响研究 ······················· 1

  一、开放银行的概念与范围 ······························· 2
    （一）战略开放 ································· 3
    （二）技术开放 ································· 5
    （三）数据开放 ································· 6
    （四）业务开放 ································· 6
  二、开放银行发展的因素分析 ··························· 8
    （一）用户期望推动 ····························· 8
    （二）市场竞争驱动 ····························· 9
    （三）科技创新拉动 ····························· 12
    （四）监管层面带动 ····························· 13
  三、金融供给侧结构性改革与开放银行 ················· 15
    （一）优化金融供给结构 ························· 15
    （二）提高普惠金融服务可得性 ··················· 16
    （三）提升实体经济服务能力 ····················· 18
  四、开放银行对金融服务创新与金融监管的影响 ········· 20
    （一）提升银行数字化水平 ······················· 20
    （二）改变银行经营模式 ························· 21
    （三）优化金融监管方式 ························· 21
    （四）增加金融风险复杂性 ······················· 22

第二章 国内外开放银行实践 ·············· 23

一、国外开放银行实践案例 ················ 23
（一）大洋洲地区——以澳新银行为例 ············ 24
（二）亚洲地区——以星展银行为例 ············· 26
（三）欧洲地区——以Monzo银行为例 ············ 28
（四）北美地区——以花旗银行为例 ············· 30

二、我国开放银行实践案例 ················ 32
（一）大型商业银行——以农业银行、建设银行为例 ····· 33
（二）股份制商业银行——以平安银行为例 ········· 38
（三）城市商业银行——以徽商银行为例 ··········· 41
（四）民营银行——以微众银行为例 ············· 42

三、开放银行实践的国内外情况比较 ············ 47

第三章 开放银行的监管现状与对策建议 ·········· 49

一、欧美地区开放银行监管现状 ·············· 49
（一）欧盟 ························· 49
（二）英国 ························· 51
（三）美国 ························· 53

二、亚太地区开放银行监管现状 ·············· 54
（一）新加坡 ······················· 54
（二）澳大利亚 ······················ 56

三、中国开放银行监管现状 ················ 58
（一）中国内地 ······················ 58
（二）香港 ························· 60

四、我国开放银行建设的相关建议 ············· 62
（一）市场配套建议 ···················· 63
（二）银行机构发展建议 ·················· 65

（三）监管政策建议 ·· 67

第四章　开放银行的技术与架构 ·· 73
一、开放银行的关键技术体系 ·· 73
　　（一）开放银行的技术架构 ·· 73
　　（二）开放银行的技术展望 ·· 79
二、开放银行核心能力与体系架构 ·· 88
　　（一）开放银行的核心能力 ·· 88
　　（二）开放银行体系架构 ·· 90

第五章　开放银行建设重点及场景化应用 ······································ 95
一、开放银行的场景化推广 ·· 95
　　（一）开放银行面向B端的场景化推广 ······································ 95
　　（二）开放银行面向C端的场景化推广 ······································ 99
　　（三）开放银行面向G端的场景化推广 ····································· 103
二、开放银行建设重点和管理难点 ··· 105
　　（一）开放银行建设重点 ··· 105
　　（二）开放银行管理难点 ··· 107

第六章　开放银行的市场策略选择 ··· 109
一、银行自建平台的市场策略 ··· 109
　　（一）"走出去" ··· 110
　　（二）"引进来" ··· 110
　　（三）"生态融合" ··· 111
二、银行参与第三方平台的市场策略 ··· 112
　　（一）实现模式 ··· 113
　　（二）典型案例 ··· 114

三、银行与外部合作共建平台的市场策略 ········· 117
   （一）产品层面：百度闪付 ········· 118
   （二）系统层面："AIBank Inside" ········· 118
   （三）技术层面："智融OS" ········· 119

第七章 开放银行的风险控制 ········· 120

一、数据安全风险控制 ········· 120
   （一）推动数据和个人信息安全立法 ········· 121
   （二）规范数据共享范围和实现方法 ········· 122

二、网络安全风险控制 ········· 122
   （一）敏捷能动的网络安全治理架构 ········· 123
   （二）构建智能防控体系 ········· 124
   （三）培养复合型人才队伍 ········· 124

三、合规风险控制 ········· 124
   （一）强化运营审批流程重塑 ········· 125
   （二）厘清责任边界，建立责任机制 ········· 125

四、外部风险控制 ········· 126
   （一）严控准入 ········· 126
   （二）发展智能违规操作判别 ········· 127

参考文献 ········· 128

第一章　开放银行的发展背景与影响研究

近年来，在行业内外激烈竞争的推动下，全球银行业加大了数字化转型步伐。其中，开放银行逐渐成为银行业数字化转型的一大新趋势。开放银行模式最早起源于欧洲，在监管当局的推动下，以英国、欧盟为代表的国家和地区率先落地以数据共享为本质的开放银行模式。国内对开放银行的探索主要聚焦于业务和产品开放方面，可追溯到 2012 年中国银行"中银平台"的搭建，但直至 2018 年浦发银行"API 无界开放银行"的问世，开放银行的概念才在国内迅速升温。

实践表明，开放银行的构建利大于弊。一方面，开放银行助力金融供给侧结构性改革，促进传统银行经营模式革新和数字化水平提升，真正实现以客户为中心构建产品和服务。具体而言，一是开放银行提供个性化、场景化金融产品和服务，延伸金融供给方服务边界，丰富金融供给资源并优化金融供给结构；二是开放银行以其强大的技术支撑，实现数据交换与共享，拓展金融服务半径，触达长尾客户，有效缓解信息不对称、服务成本高等难题，精准提高普惠金融的可得性；三是银行依托开放平台对接实体企业，通过技术输出推动实体经济由"制造"升级为"智造"和"创造"，带动产业链整体提质增效。另一方面，开放银行作为一种新型商业模式，是机遇与挑战并存的。监管总体对新业态持包容审慎态度，更倾向于前瞻性地研究开放银行所带来的业务敞口增多，风险管理链条拉长，数据泄露、第三方欺诈等新型伴生风险等潜在威胁，从而有效提升政策因应和储备，监管模式和方法也能够随之调整和改善，开放银行所引发的潜在风险将会得到有效防范。

一、开放银行的概念与范围

以巴塞尔银行监管委员会、欧洲银行管理局、波士顿咨询公司等为代表的各类监管机构和研究机构从商业模式、参与主体、开放目标等不同视角定义了开放银行的内涵（见表1-1）。结合各类型机构对开放银行的概念界定，本书认为开放银行是指银行与科技公司等第三方机构遵循开放、共享、共赢的发展理念，形成的基于客户服务场景的合作模式。现阶段，我国开放银行主要以应用程序接口（API）、软件开发工具包（SDK）等技术为支撑，以技术、业务、产品的开放、共享为重点，未来有望逐步向数据开放等深层次领域延伸、拓展。

表1-1 各类型机构对开放银行的界定

机构	概念界定
巴塞尔银行监管委员会（BCBS）	开放银行是银行与第三方开发者和公司共享、利用客户授权的数据来构建应用程序和服务，包括提供实时支付、为账户持有人提供更高财务透明度选择、市场营销和交叉销售的应用程序和服务
欧洲银行管理局（EBA）	开放银行是"连接两个世界"的一场运动，使客户在其他服务的场景下享受银行服务成为可能，通过彼此的基础设施将银行和非银机构的创新功能连接起来
波士顿咨询公司（BCG）	为顺应银行平台与第三方平台的一体化趋势，以客户需求为导向，以生态场景为触点，以API/SDK等技术为手段，以服务碎片化、数据商业化为特征，通过与第三方数据、算法、业务、流程等的融合，实现业务驱动的应用架构转型，从前台到后台的整体体系升级，从而变成新时代银行
麦肯锡（MCK）	开放银行是由互不相关的两方或多方利用API接口共享金融数据的一种合作模式

续表

机构	概念界定
高德纳（Gartner）	开放银行是一种平台化商业模式，通过与商业生态系统共享数据、算法、交易、流程和其他业务功能，为商业生态系统的客户、员工、第三方开发者、金融科技公司、供应商和其他合作伙伴提供服务，使银行创造出新的价值，构建新的核心能力

资料来源：根据内部资料及外部公开资料整理。

值得注意的是，不同国家对开放银行的定义有所不同，以英国为代表的许多发达国家侧重强调数据开放，而我国开放银行更聚焦于业务和产品开放方面。据中国银行业协会调查，国内银行界普遍认为开放银行范围主要涵盖战略开放、技术开放、数据开放和业务开放四个方面。其中，战略开放是银行全面走向开放之路的前提，技术开放、数据开放和业务开放分别是开放银行的基础、核心以及关键。

（一）战略开放

战略开放是银行全面走向开放之路的前提。近年来，商业银行的净利润增速明显放缓，净息差不断收紧，行业面临的盈利压力不断加大。在此背景下，各银行不得不重新调整发展思路，依托金融科技对外开放，通过对接外部优势资源，逐步实现生态化发展。

我国银行的战略开放大致经历了三个阶段。第一阶段是自我革新期，通过优化机构设置、强化科技能力建设、新兴技术创新、产品及服务模式重构、渠道转型等方式，打牢金融科技基础。在该阶段，各大银行的分布式核心系统逐步上线，数字化水平明显提升。第二阶段是对外合作期，该阶段的主要目标是通过与外部金融科技公司的合作，加持外部技术、场景及流量优势，通过共建科学实验室、网络银行，开创新业务模式的方式，快速补齐银行金融科技短板，并实现智能化发展。在此期间，工商银行、农业银行、中国银行、建设银行、交通银行先后与百度、阿里巴巴、腾讯、京东（BATJ）等互联网金融科技公司达成合作协议，股份制商业银行也纷纷开启与科技公司的合作进程。在上述基础上，我国商业银行自2018年开始快速进入战略开放的第三阶段，即开放银行建设期。以浦发银行推出"API无界开放银行"为代表，各大商业银行开始不断强调本行的开放战略，各类开放平台也纷纷落地。在此阶段，银行的战略目标是重新定义金融科技背景下金融中介的价值，并将开放、共赢作为重要的发展理念（见表1-2）。通过上述三个步骤，银行逐渐实现了战略开放。

表1-2 部分商业银行战略开放进程中的核心成果

银行	第一阶段 自我革新期	第二阶段 对外合作期	第三阶段 开放银行建设期
中国银行	核心银行系统、全球化信息系统	合作方：腾讯等 共同建立金融科技联合实验室	中银平台
工商银行	新一代全球网络ASTRONET1.0	合作方：京东等 推出"工银小白"数字银行	互联网金融开放平台
建设银行	新一代核心系统	合作方：阿里巴巴等 共同推进线下线上渠道业务合作、电子支付业务合作，打通信用体系	开放银行管理平台
浦发银行	新一代核心系统	合作方：京东等 在私有云、公有云方面共同联合发展创新型服务	API无界开放平台
招商银行	新一代分布式核心系统	合作方：青云等 研发构建私有云架构	招商银行App8.0、掌上生活App8.0
民生银行	分布式核心金融云平台	合作方：360等 构建交易金融平台来实现交易性、平台化和轻资产的网络金融生态	直销银行开放平台

资料来源：课题组根据公开资料整理。
注：以上为各行各阶段部分典型成果。

（二）技术开放

技术开放是开放银行的基础。银行基于开放平台实现技术开放的动因既有自身因素的考量，也有外部因素的驱动。从自身因素来看，近年来，银行通过科技系统的完善，尤其是大型银行在分布式IT系统方面取得突破性进展后，有能力将相关技术、经验打包输出，从而获得相关收益，并建立良好的外部合作关系。从外部因素来看，在科技赋能的时代背景下，众多中小型企业、政府机构等也亟须提升运营能力、完善信息系统。但此类企业和机构由于科技能力有限，需要借助外力获得金融科技转型支持，这就形成了较大的技术服务需求市场。目前，银行系金融科技子公司、互联网金融企业是技术开放的典型代表。通过开放平台的搭建，上述公司将硬件、网络和计算能力等技术组件在平台上开放，便于中小型企业、政府部门等客户随需使用，从而弥补其资源受限的短板，帮助其对接上层商业生态，节省巨大的技术研发成本。

例如，"兴业数金"作为兴业银行控股的金融科技子公司，在兴业银行"银银平台"近十年来科技输出经验的基础上，将兴业银行的IT能力和服务打包输出。目前，兴业数金形成了"4朵云"的产品体系，分别是针对中小型银行的"银行云"解决方案，针对政企客户和小微企业客户的"普惠云"解决方案，为证券、基金等非银金融机构提供的"非银云"解决方案，以及面向兴业银行集团以及所有外部客户提供的安全可靠的全方位云计算资源和服务的"数金云"。

互联网金融企业"度小满"通过"磐石一站式金科能力开放平台"，将大数据风控、智能化精准营销、智能机器人、智能投顾等全方位的技术能力开放给合作伙伴，帮助农商行、城商行等合作伙伴更精准地触达"三农"、中小微企业客户，提升其服务小微群体的效率。

（三）数据开放

数据开放是开放银行的核心。金融数据开放是指将数据作为一种生产要素或有价值的资产，进行重新整合及配置，从而发现金融新需求，创新金融产品及服务。丰富的数据储备驱动开放银行建设，在数据开放和使用的过程中，能够形成更多维度、更大体量的数据，进而实现数据再分析、再使用、再开放。

海外数据开放的兴起得益于两方面因素的促动。一是政府主导数据开放。例如，2015年底欧盟颁布《支付服务法令2》（PSD2），要求银行向第三方机构开放用户账户和交易数据；英国要求包括汇丰银行在内的9家机构于2018年1月13日起共享彼此数据；美国消费者金融保护局（CFPB）于2017年发布金融数据共享9条指导意见。二是企业推动数据共享。企业将长期经营过程中积累的价值数据合规地向合作企业有偿共享，从而实现业务协同、扩大市场份额、创高营收。两种方式的数据开放均呈现统一标准、自由开放以及再利用的特点，这有助于构建生态化服务体系，推动实现消费者利益最大化。

就国内情况而言，目前监管层对数据开放的标准、范围、程度等指标界定仍在研究及细化中，机构普通对数据开放较为谨慎，总体开放程度偏低，数据孤岛和流动壁垒问题仍然存在，开放银行生态的合作度有待增强。

（四）业务开放

业务开放是开放银行的关键。通过API调用，银行可将自身传统业务向外部机构开放,实现Ⅱ类、Ⅲ类客户以及未绑定银行账户的App客户引流。从业务开放情况来看,目前国内商业银行在账户、支付结算、投资理财、零售贷款等领域进行了大量的开放实践,初步形成了相对稳定的业务模式。中国银行业协会调查数据显示,目前在API开放的业务种类中,支付类排行榜首,24家参与调研的银行中有21家开放此业务;其次为理财类,有16家银行开放该业务(见图1-1)。从国外情况来看,欧洲、美洲42家主要银行的开放业务统计显示,目前在API开放的业务种类中,账户信息开放比例最高,为32.9%;其次为支付,比例为28.7%(见图1-2)。

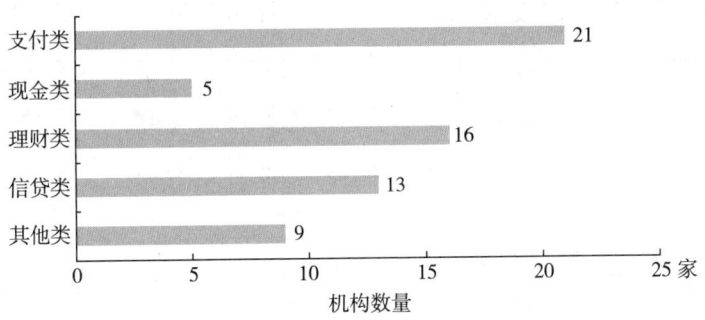

图1-1 中国主要银行开放业务

(数据来源:课题组调研资料,中国民生银行研究院)

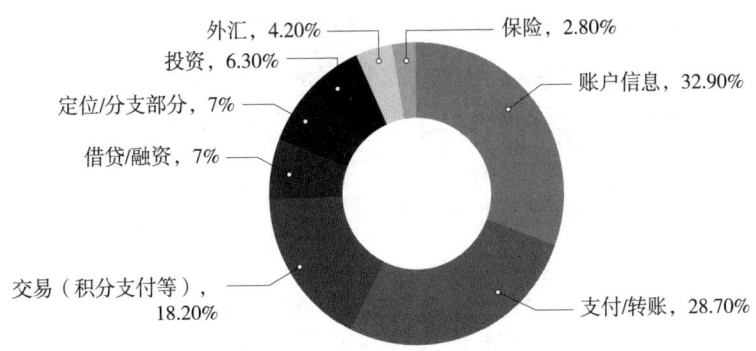

图1-2 欧美主要银行开放业务

(数据来源:LendIt,《开放银行白皮书2018》)

总体来看，由于零售产品的操作流程较为简单，且使用频率较高，故目前零售业务的开放程度整体要高于对公业务。波士顿咨询数据显示，开放银行占零售银行总收入的比例已达到15%~25%。未来，开放银行的模式、技术、监管将不断成熟和完善，对公业务领域的交易银行、供应链金融等业务也将随着账户和交易数据的开放共享而实现开放运营。

二、开放银行发展的因素分析

从英国的实践来看，由于金融供给方的创新动力不足，出于提升银行间竞争、改善用户体验等方面的考量，英国监管层提出开放银行的概念并推动实施；与此不同的是，中国银行业竞争较为充分，开放银行的发展动力初期更多来自互联网企业的冲击，形成了以市场内生驱动为主，辅以外部压力的特点。在用户期望方面，消费者需求不断变化，要求银行能够提供无处不在的金融服务；在市场竞争方面，银行业不仅面临传统对手的竞争，崛起的金融科技公司也成为了有力的市场争夺者；在科技层面，大数据、云计算、人工智能、API、SDK等技术为开放银行建设提供了技术基础。此外，中国金融科技监管政策正在陆续推出并根据业务发展状况进行完善，因此监管层面对金融数据、业务开放的明确指引同样是开放银行快速发展的重要驱动力。

（一）用户期望推动

近年来，互联网金融公司运用智能化、移动化的金融产品和服务，全方位提升用户体验、改变用户偏好，使用户对金融产品和服务的认知、态度、习惯发生较大变化。同时，以"Z时代"

群体[①]为代表的新兴用户群体逐渐成长，此类客群具有亲科技、重体验、自主决策性高、金融消费潜力大的特点，他们对商业银行的金融服务产生了一些新的诉求。

在多重因素作用下，用户对商业银行的服务期望产生如下变化：在金融产品方面，用户从被动接受标准化、零散式、推销式的产品，转变为更需要个性化、一揽子、探索型的金融产品；在金融服务方面，用户对高效、便捷、安全、场景式的服务渴望快速提升。《2018银行业用户体验大调研报告》[②]指出，银行多入口、同质化的渠道服务模式并不能提升用户亲和力，反而易导致用户认知混乱，降低使用频率，一站式、多功能的整合型渠道更易获得用户的青睐。

上述用户需求的转变倒逼银行迅速转型。一是在产品端拆分、优化、升级传统的产品体系，并及时创新金融产品，在深入了解、分析用户的基础上，主动匹配用户个性化、场景化的产品需求。二是在服务端加快渠道整合、融合场景服务、优化服务流程、提升操作体验。因此，开放银行因其"产品模块随需调用、深度场景融入式"的特性，成为银行转型的重要抓手。

（二）市场竞争驱动

近年来，银行面临了来自行业内外的激烈竞争。从行业内部情况来看，银行净利润增速从2012年以来快速走低，促使其不得不加快转型步伐（见图1-3）。领先商业银行持续加码金融科

[①] 泛指1995年以后出生的人群，人口规模约3.7亿人，约占中国人口的27%。
[②] 资料来源：银行用户体验联合实验室。该实验室由微众银行和腾讯用户研究与体验设计部（CDC）共同发起成立。

技投入，2017年，金融科技投入额占总营收比例排名前三的商业银行分别是平安银行（2.98%）、光大银行（2.71%）、农业银行（2.21%），2018年，各商业银行在金融科技领域投入更多力量，平安银行、广发银行、邮政储蓄银行该比例分别为4.23%、4.02%、2.90%（见表1-3）。通过资金的大量投入，银行积极打造全新的金融科技体系，并快速向开放银行转型。中国银行、工商银行、建设银行等大型商业银行率先出击，依托强大的资源和技术优势，自建开放平台。2018年以后，国内商业银行在开放化的道路上加速前进。浦发银行、平安银行、招商银行、民生银行等股份制商业银行快速跟进，推出形式各异的开放平台；华瑞银行、众邦银行、微众银行等部分民营银行也积极抢抓开放银行建设机遇期；南京银行、北京银行等部分城商行开启开放化的序幕。

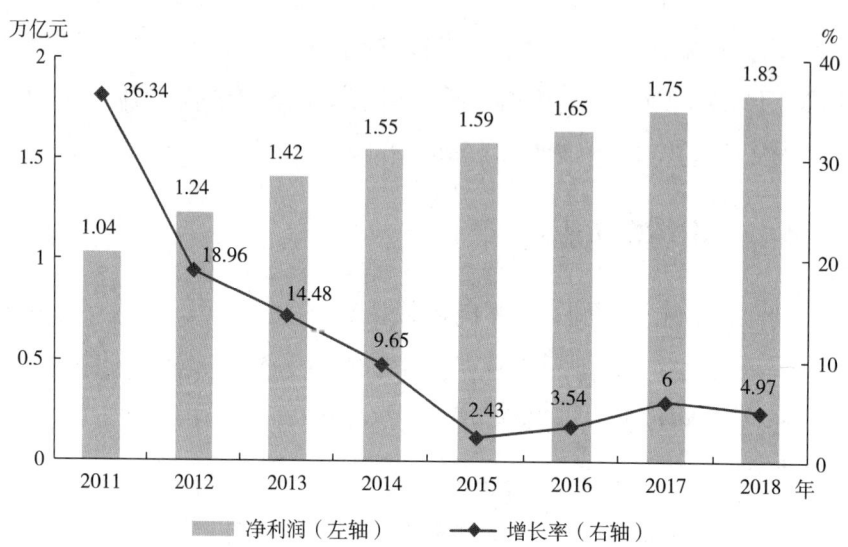

图1-3 2011—2018年我国商业银行净利润及增长率

（数据来源：Wind）

表1-3 主要商业银行金融科技投入情况

2017年		2018年		2019年	
商业银行	金融科技投入额占总营收比例（%）	商业银行	金融科技投入额占总营收比例（%）	商业银行	金融科技投入额占总营收比例（%）
平安银行	2.98	平安银行	4.23	招商银行	3.72
光大银行	2.71	广发银行	4.02	华夏银行	3.26
农业银行	2.21	邮政储蓄银行	2.90	广发银行	3.16
浙商银行	2.20	招商银行	2.78	邮政储蓄银行	2.96
建设银行	2.17	华夏银行	2.74	中信银行	2.75
招商银行	2.15	浦发银行	2.32	交通银行	2.57
中国银行	2.11	中信银行	2.30	建设银行	2.50
交通银行	1.97	建设银行	2.24	光大银行	2.56
广发银行	1.79	交通银行	2.19	浦发银行	2.27
兴业银行	1.55	光大银行	2.10	工商银行	2.20

数据来源：中国银行业协会"2018年陀螺评价体系"、各商业银行年报。

除了银行业内部竞争加剧外，从银行业外部环境来看，金融科技公司、互联网企业依托其庞大的用户体量、丰富的数据沉淀、深入的场景服务、成熟的科技能力、灵敏的市场反应，通过三个步骤对商业银行构成强烈的正面竞争。第一步，通过具有普惠特征的互联网金融服务直接挤占银行的市场份额。第二步，向B端服务转型，强调金融机构的"合作者"身份，成为中小银行的科技输出服务商。第三步，探索第三方开放银行平台模式，试图将自身打造为中小银行与商业生态系统的连接器。

在激烈的市场竞争下，商业银行唯有更快推出新产品、更快培养新合作伙伴、更快构建自生生态，才能立于不败之地。因此，搭建平台、对外开放、连接商业生态成为商业银行的重要选择。

（三）科技创新拉动

近年来，领先的商业银行依托大数据、云计算、5G及物联网、机器学习和区块链等新兴技术，逐步提升科技支撑能力。其中，银行业协会调查数据显示，国内银行界普遍认为大数据和云计算是助力开放银行发展的最重要的新技术。在基础设施领域，商业银行搭建起云计算平台、大数据平台、人工智能平台等，底层科技能力得到夯实。同时，在IT系统架构层面，推动由集中式向分布式转型，以更好地应对互联网场景下特有的交易量突发和快速响应要求。此外，搭建起多重智能安全控制系统，真实评价客户、智能识别业务过程中的潜在风险，进行科学、高效、实时、动态的风险管理。在新型科技系统支撑基础上，商业银行依托API、SDK和H5等连接方式实现开放发展成为必然趋势。

API、SDK是开放银行最常用技术类别。API（Application Programming Interface），即应用程序接口，可让供给双方在相同的参数标准接口下，由需求方调用供给方的产品和服务模块，且不必访问源代码，从而实现安全的数据流通和共享。API方式灵活程度最高，可由场景平台根据需求定制。按照开放程度、合作深度的不同，API主要分为内部API、伙伴API和开放API三类，其中，开放API是目前开放银行领域应用最多的类别。三类API的特点及应用范围如图1-4所示。

SDK（Software Development Kit），即软件开发工具包，是一种集软件包、软件框架、硬件平台、操作系统等于一体的开发集合，SDK使需求方开发者不必再对产品的每个功能进行开发，而是直接使用软件开发工具包即可，定制化程度适中。SDK包含了

第一章 开放银行的发展背景与影响研究

API 的能力，即 SDK 可以简单地为需求方开发者提供 API 接口，也可以提供其他辅助性功能。需求方开发者可在 SDK 环境下调用 API 数据。

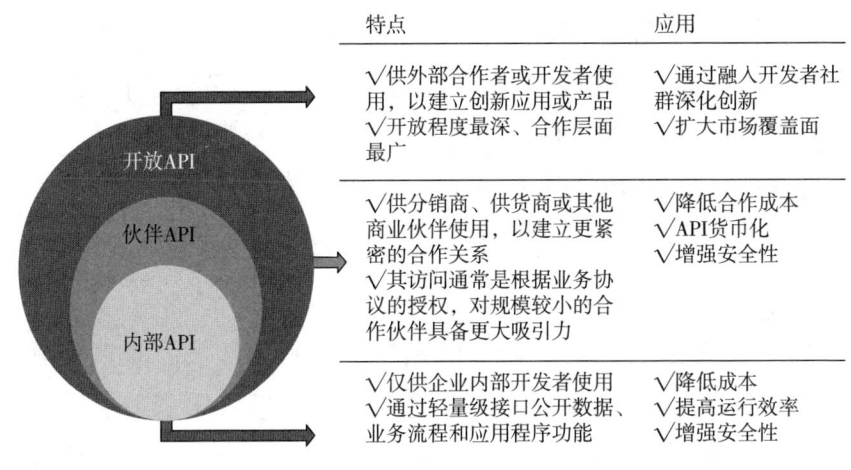

图1-4 三类API特点及应用范围

（资料来源：麦肯锡咨询公司，兴业数金，中国民生银行研究院）

H5 全称为 HTML5，即超文本标记语言 5.0，是标准通用语言的第 5 次修改。H5 接口可在前端直接进行操作或操作从后台输送到前台的数据，无定制能力，仅提供连接到标准化银行产品和服务的访问链接。

在新型科技系统的支撑下及 API/SDK/H5 等技术和标准的辅助下，商业银行能够将产品和服务拆分成多个模块，便于需求方随需、随时调用，从而与各类商业平台无缝衔接，将底层服务对接到上层生态中，实现开放化发展。

（四）监管层面带动

欧盟、英国是监管带动开放银行落地的代表。2015 年，欧盟颁布《支付服务指令2》（*Payment Service Directive* 2，PSD2），要求以银行为代表的支付机构要向第三方开放用户的账户、交易数据；2016年，欧盟通过《通用数据保护条例》（*General Data Protection Regulation*，GDPR），要求金融机构必须从账户持有者处获得明确的数据共享许可。英国当局在经过了谨慎的市场调研后，认为进一步的数据开放有利于英国银行业竞争，并于2015年，由财政部牵头成立开放银行工作组，结合欧盟《支付服务指令2》（PSD2）、《通用数据保护条例》，以及本国行业情况，制定出台《开放银行标准框架》，明确了数据标准、API标准与安全标准、治理模型等。

此外，金融科技发展较为成熟的美国、新加坡、澳大利亚等国对开放银行也提出了明确的监管建议，推动各国商业银行的开放化发展。就我国情况而言，银监会发布的《中国银行业信息科技"十三五"发展规划监管指导意见（征求意见稿）》及人民银行出台的《金融科技（FinTech）发展规划（2019—2021年）》均对金融开放、跨界合作提出了具体要求，推动我国开放银行规范化发展（见表1-4）。

表1-4 主要国家和地区对开放银行的监管意见

国家/地区	监管意见	主要内容
英国	财政部牵头出台《开放银行标准框架》	明确了数据标准、API标准与安全标准、治理模型等
欧盟	颁布PSD2；通过《通用数据保护条例》（GDPR）	要求以银行为代表的支付机构要向第三方开放用户的账户、交易数据；要求金融机构必须从账户持有者处获得明确的数据共享许可
美国	金融消费者保护局发布《消费者保护原则：经消费者授权的金融数据共享和整合》	指导开放银行发展过程中的消费者金融数据共享和整合

续表

国家/地区	监管意见	主要内容
新加坡	金融管理局（MAS）联合新加坡银行业协会发布《API指导手册》	从数据标准、信息安全标准和数据治理机制角度，规划开放银行的发展与监管
澳大利亚	政府宣布同意金杜律师事务所发布的《开放银行调查建议》	涉及监管框架、银行数据共享类别和范围、客户数据安全、数据传递及管理机制等，推进"消费者数据权利法案"，为开放银行提供法律基础
中国	银监会发布《中国银行业信息科技"十三五"发展规划监管指导意见（征求意见稿）》；人民银行发布《金融科技（FinTech）发展规划（2019—2021年）》	提出建立互联网金融技术平台，逐步开放互联网金融服务接口，开展跨界合作；要求借助应用程序接口（API）、软件开发工具包（SDK）等手段深化跨界合作，在依法合规前提下将金融业务整合解构和模块封装

资料来源：根据内部资料及外部公开资料整理。

三、金融供给侧结构性改革与开放银行

2019年2月，习近平总书记在中央政治局第十三次集体学习中指出，要正确把握金融本质，深化金融供给侧结构性改革。要构建多层次、广覆盖、有差异的银行体系，端正发展理念，坚持以市场需求为导向，积极开发个性化、差异化、定制化金融服务。从宏观层面看，开放银行作为创新的金融产品和服务供给模式，对推动金融供给侧结构性改革具有重要意义。

（一）优化金融供给结构

在中国金融业对外开放步伐不断加快的大背景下，开放银行模式有望在非金融机构间、银行间、非银金融机构间三个层面延伸金融服务边界，优化我国金融供给结构。

一是金融供给方向非金融机构延伸。在开放银行模式下，参与者除了金融服务提供者和客户外，还包括计算机硬件/数据库

服务商、金融云服务商、IT软件及解决方案提供商等技术机构，以及富有场景优势的电子商务平台和实体企业。通过API、SDK等技术，非金融机构也参与到金融服务的链条中，有效拓展了金融服务半径。

二是银行类金融供给资源得到丰富。传统的银行间竞争模式使具有资本、技术、人力优势的大型银行占据绝对主导地位，也使其成为金融服务市场的垄断方。在新兴科技的不断渗透下，各类银行依托金融科技优化服务能力，差异化竞争格局成为现实。尤其在开放技术愈发成熟的背景下，中小型商业银行以及新兴互联网银行能够通过科技公司的赋能接入上层生态，弥补自身在流量、资本、技术等方面的短板，曲线进入广阔的金融服务市场，使银行类金融供给资源得到丰富。

三是提升非银金融机构供给能力。除银行外，证券、基金、保险等其他金融机构的金融供给能力也将随着开放模式的应用而变得更加强大。例如，平台模式让证券、基金、保险的线上交易和移动交易逐渐成熟，节省此类金融机构的人力成本，从而让上述机构专注于投资研究、决策辅助等专业能力的提升，推动优化相关金融业务的有效性和稳定性。又如，开放金融模式将财富管理、保险"精算"服务等通过场景触达客户，为其提供更契合的个性化金融产品，切实提高金融服务质量。

（二）提高普惠金融服务可得性

普惠金融仍是现阶段全球棘手的金融问题。城镇低收入人群、残疾人、老年人等长尾客户的小额贷款利率高企，小微企业融资难、融资贵问题仍然突出。世界银行数据显示，2017年，在全球发展中国家中受信贷约束的中小微企业达6500多万家，占中小微企业总数的40%，融资总缺口逾5万亿美元。一项研究显示，英国全国近500家中小企业认为当前银行提供的金融服务难以满足其需求。英国的创新基金Nesta、巴克莱银行的Pingit和Buyit方案都希望借助开放银行破解中小企业的难题。就我国情况而言，当前我国2000万家小微企业、5000万个体商户每年的资金缺口达到3万亿元[①]。近年来，监管层面反复强调普惠金融的重要性，并陆续出台多项激励政策和优惠政策，激发我国普惠金融稳健发展的内生动力。开放银行的发展将为我国普惠金融高质量发展提供强大支撑。

首先，开放银行通过线上场景化链接有效触达长尾客户。在传统金融服务模式下，征信数据的缺乏成为树立在金融服务与长尾客户之间的壁垒。开放银行让金融服务不再单纯依赖征信数据筛选客户，而是通过各类场景化平台丰富的数据交换与共享（例如，基本信息、账户信息、交易信息、资金信息数据等），同时基于用户线上丰富的行为数据构建清晰的用户画像，实现高效认知客户，从而快速锁定目标长尾客户，精准开展普惠金融服务。

其次，开放银行打通信息化隔阂实现风险定价机制。普惠金融的一大难点在于风险评估与定价。开放银行通过打通与目标客户相关联的信息隔阂，高效分析其上下游合作数据、社会服务数据（如水电煤气）、社会管理数据（如税费、社保）、第三方征信等信息，从而为目标客户完成精准画像，有效评估客户风险状况，进而科学确定金融服务价格，解决普惠金融风险定价难题。

最后，开放银行通过降低服务成本实现商业模式可持续性。普惠金融的传统服务痛点在于客户维护成本高，银行收益成本不

---

① 顾雷，程飞.普惠金融呼唤5G时代到来，2019.

匹配。在开放银行模式下，银行不再需要围绕单一长尾客户开发、维护，而是可通过平台模式批量引流客户，进行集约化的场景服务。开放模式的优势在于可有效分摊银行的获客成本，并实现规模化收益，从而使普惠金融服务可持续。

（三）提升实体经济服务能力

服务实体经济高质量发展是金融供给侧结构性改革的出发点和落脚点。依托金融科技，金融供给方能够有效配置资源，重点扶持实体经济薄弱环节和重点领域。开放银行不仅能够提升小微企业、民营企业的普惠金融服务可得性，还将从以下三方面提升实体经济的服务能力。

1. 开放银行可满足实体经济新旧动能转换过程中的新金融需求

一是通过有针对性地选择开放平台合作方，可将金融资源有针对性地向战略性新兴产业、现代服务业、大健康产业等优势产业倾斜，并优先配对生产技术先进、具有规模优势的龙头企业。二是创新金融产品，随着产业整合升级，龙头企业将产生大量并购、重组等方面的投资银行服务需求。通过开放平台的链接，银行将实时、高效识别企业的个性化需求，从而有针对性地提供金融服务。三是可建立以供应链生态圈为基础的开放平台场景金融，打通 B2B2C 价值链，为上下游企业以及个人客户提供一揽子金融服务，服务产业整体优化升级。例如，兴业银行的"兴车融"开放平台正是产业开放金融的典型代表。

兴业银行于 2018 年基于开放银行理念，推出集互联网化服务、开放银行服务、秒贷秒还服务特色功能于一身的汽车金融平台——"兴车融"，构建汽车产业链开放金融生态圈。"兴车融"通过提供一套标准化对外服务接口（Open API），共享融资信息、质押物信息、押品信息等业务数据,构建产业链协作平台,将金融服务嵌入客户交易场景。客户通过调用 Open API,即可在自身内部系统使用兴业银行特定金融服务,避免同一交易在自身内部与银行系统之间多次切换,实现金融内嵌式服务,大大提高客户业务办理效率。

目前,"兴车融"可为客户提供线上融资(支持线上开立银行承兑汇票、线上申请流动资金贷款等多种业务品种)、线上资金监管、业务数据实时查询等互联网一站式服务。"兴车融"平台互联网化服务,相比传统线下操作流程,可节省客户80%以上的操作时间。目前,"兴车融"核心客户接入近20个,日均Open API 调用超过1100次。截至2019年3月31日,"兴车融"开放平台融资笔数近10万笔,融资金额为1828亿元,线上签署协议与合同近14万份,对外接口 API 服务次数超过37万次。

2. 开放银行可助力实体经济的数字化发展

金融服务机构及金融科技公司依托开放平台对接实体企业,可为实体企业开放底层科技能力和技术业务。例如,开放人工智能技术帮助制造企业从传统生产模式向智能制造升级;通过大数据、云计算等技术的开放使用,科学管理企业,提高生产效率,降低经营成本;运用区块链技术为企业生产销售提供安全保障。金融机构通过平台化的技术输出,推动我国实体经济从"中国制造"升级为"中国智造""中国创造"。[①]

3. 开放银行将助力实体经济"走出去"

金融机构通过对接"一带一路"等国际化建设场景,满足企业在跨境结算、跨境贸易和跨境投融资等方面的金融诉求。金融

---

① 贾康. 金融科技要支持实体经济发展 [J]. 中国国情国力,2019(8).

机构为助力顶尖企业的全球化布局,向其开放并购贷款、过桥贷款、投资风险与收益分析等金融模块;为高新技术企业提供知识产权质押贷款、多币种中长期组合贷款等帮助,助力我国高新技术产业向全球中高端产业链升级。

四、开放银行对金融服务创新与金融监管的影响

从银行内部发展上看,开放银行是商业银行数字化转型的重要组成部分,将全面改变银行的经营模式,促使银行更加以客户为中心,创新产品和服务。同时,开放银行将给传统金融带来更多的不确定性风险,从而改变、优化金融监管方式。

(一)提升银行数字化水平

开放银行的建设将推动商业银行从后台到前台的全面数字化转型。一是科技系统将朝着分布式、云化的方向发展,从而实现高效率、低成本的数字化技术支撑;二是将通过电子影像、光学字符识别(OCR)、二维码识别、电子验印、数据迁移等新兴科技,搭建共享服务式的集中运营平台,实现行内集中作业面向多渠道、跨部门、跨条线业务的集中处理;三是通过大数据分析技术充分挖掘、分析共享数据,实现客户营销、客户服务的定制化。通过上述方式,商业银行将实现"端到端"的数字化改造,重塑商业模式。

IDC调查数据显示,数字化转型可将银行的盈利能力提高26%,市值提高12%。国际领先银行的数字化转型已积累了5~10年的经验[①],而对于国内银行来说,由开放银行推动的数字化转

---

① 麦肯锡咨询公司. 全球数字化银行战略分析[J]. 新金融,2019(3).

型才刚刚起步。

（二）改变银行经营模式

在开放银行推动下，银行在客户、产品、场景、组织架构等方面的经营模式将产生重大转变。在客户方面，商业银行将从过去一味追求客户增量的固有模式，转变为更多地注重存量客户的活跃度提升，以及Ⅱ类、Ⅲ类客户的高效引流。在产品开发方面，将从以往以现有产品、固定产品为出发点推向市场的传统模式，转变为以市场需求为导向，不断研发、创新金融产品的逆向行为过程。在场景建设方面，在充分体会到自建场景的高成本、同质化、低效化弊端后，商业银行斥巨资自建场景的行为将得到缓解，将更多地采取外部融入的方式实现场景化服务。在组织架构方面，促使银行中后台搭建起模块化、组件化、共享化的敏捷服务中心，便于前端业务部门快速调用中后台的业务组件来编排业务模块，银行组织架构将向扁平化、敏捷化方向转型，业务流程与组织架构相互促进、互为补充。

（三）优化金融监管方式

开放银行的发展使传统金融服务模式发生转变，新的风险亦会随之出现，金融监管方式也呈现新变化。鉴于开放银行场景化、多元化的新特点，新的监管模式可能呈现如下特点：一是监管层将针对不同类型的银行业金融机构、不同种类的金融业务，设置开放银行的服务红线，从源头防控风险；二是将更多强调接口标准的设定和统一，为开放对接提供更完善的环境；三是加大力度审查金融科技公司及第三方平台的准入资质，将风险防控从事后监督转移为事前干预，提高开放银行监管的穿透性。

（四）增加金融风险复杂性

开放银行涉及 B2B2C 模式，平台开放意味着商业银行将连接更多的外部主体，面临的风险环境将更加复杂。一是数据泄露风险。据中国银行业协会调查，国内银行界普遍认为数据泄露是开放银行面临的最大风险。开放银行涉及数据的提供、共享、再利用，若服务器被攻击或报文传输过程中存在数据保护缺陷，会导致数据信息被窃取、恶意篡改、泄露和移作他用，将使客户隐私、银行经营安全完全暴露。二是法律合规风险，开放银行需满足监管当局框定的业务范围、安全合规标准等，倘若不能保证开放过程中服务和数据的安全合规，将对银行的社会声誉造成负面影响。三是网络安全风险。开放银行的敞口变多、管控链条延长，容易出现网络安全漏洞，若安全漏洞被恶意利用，将导致服务器被入侵等不良后果。四是业务开放风险。外部合作机构获得 API 接口或 SDK 使用权后，若出现超授权使用、非法外用等情况，容易导致商业银行业务系统服务不可用、业务连续性中断等风险。五是盈利风险。目前开放银行在前期的开发、上线、营销过程中已形成了大量的沉没成本，但盈利模式还处于探索过程中，如何有效覆盖成本还需市场验证。

第二章 国内外开放银行实践

互联网技术，尤其是移动互联技术应用的推陈出新，以及数字化和新兴技术改变着整个世界的形态，推动着社会、经济和行业的发展，颠覆大潮不断重塑商业银行传统业务模式。这些颠覆力量不可阻挡，促使银行业发展全新的商业运营模式。随着英国、欧盟、亚太等国家和地区纷纷推行开放银行模式以及相关监管政策逐渐落地，开放银行正成为世界银行业发展的新趋势。各国在开放银行领域的监管政策、金融市场成熟程度、市场环境以及所掌握资源等方面不尽相同；国内各银行在应对市场变化趋势的策略、资产实力、市场地位以及信息技术和数字化能力等方面也存在较大差异。种种因素，导致了开放银行模式的多样性和差异性。本章节选取国外不同地区、国内不同类型的商业银行在开放银行领域的实践案例，进行简要介绍。

一、国外开放银行实践案例

尽管开放银行的概念缘起于英国，但世界各地在开放银行的发展方面基本上保持着齐头并进的态势，但在发展路径方面，根据各自所处市场的实际情况有所差异。在英国、欧盟等国家和地区，金融基础设施发达，尤其是金融基础设施核心——法律基础设施较为完善，可以支持其金融市场运转并有较强的应对外部冲击的能力。在这些国家和地区,开放银行由监管层面主导推动,通过制定监管政策和实施计划,相关银行按照计划时间表推动开放银行建设。亚洲地区各家银行也积极拥抱开放银行模式,以新加坡为例,通过监管层的指导,保证开放银行发展的正确方向,星展银行在这一指导框架下进行了积极探索。此外,大洋洲地区的开放银行发展与欧洲地区类似,由监管机构制定相关政策并根据计划时间表推动。

(一)大洋洲地区——以澳新银行为例

澳大利亚和新西兰银行集团有限公司(Australia & New Zealand Banking Group Limited,ANZ,以下简称澳新银行)是一家总部设在澳大利亚墨尔本的全球知名跨国银行和金融服务机构。作为澳大利亚四大银行之一,澳新银行借助多方协作的创新实验室对接了创新应用与银行传统业务,大幅度缩短和降低了创新实践的时间与成本。创新实验室安全关联了澳新银行外部交互类生态圈与内部核心系统。

另外,面对信息系统维护成本高且难以进行审计的问题,以及与2017年澳大利亚推出的新支付平台(New Payment Platform,NPP)进行数据对接的要求,澳新银行通过搭建API开放平台,提供了可靠的收款、付款基础设施服务,从而实现了与NPP的对接,降低了信息系统的高维护成本。

澳新银行对云端移动业务领域的探索一直都秉持着谨慎的态度,担心云端移动应用和数字银行会对客户数据的安全性造成威胁,或者会触犯澳大利亚和新西兰的法律法规。另外,澳新银行内部并不具备支撑云工作负载的基础架构,对云端业务的尝试也仅限于某些静态内容的存储。澳新银行希望在不影响传统核心业务安全与稳定的同时，对新兴金融科技应用能够进行低成本试错并加速金融原型孵化。

澳新银行首席信息官斯科特·科勒里（Scott Collary）表明："了解客户在移动和数字银行的需求和喜好，有益于我们的业务，向客户提供卓越体验至关重要。因此我们需要采用一致和无缝的方式，确保这些需求得到满足，我们与IBM公司进行合作，努力实现这一目标。"

基于以上这些诉求，IBM助力澳新银行部署了私有云基础架构并建立了一个虚拟的线上创新实验室用于金融原型的创新孵化与试错。该实验室属于一个共享的协同工作空间，参与者可以是澳新银行的员工、合作伙伴、软件供应商或独立的高校创客等。该平台提供类似于"沙箱"的运行环境（为执行中的程序提供隔离）：允许各个创新参与者访问、合作并利用各自的优势；软件供应商可在此环境中安装和配置其组件，并据以创建业务模式；常见的API和功能组件可在虚拟私有云中构建，并提供给各参与方。各个创新团队可以通过集成技术，在需要时安全地访问澳新银行的系统和数据。

该创新环境与澳新银行的内部核心系统相互独立，通过创新实验室实现了两者之间的互联。在创新实验室中，可以通过API调用银行核心系统的信息并打造模拟金融环境（如支付环境），通过IBM PureApplication与UrbanCode帮助企业实现应用自动化部署到远程云，供多方创新者进行通用服务/组件的集成与创新服务应用的开发，快速制造出金融原型并实现敏捷交付。

澳新银行充分利用其实验室环境，联合著名的数据科学中心与大学进行了数次银行业应用编程创新"黑客马拉松"，与创客和合作伙伴们迸发出很多高质量的金融创意，使低门槛创新成为一种可能。澳大利亚莫纳什大学的三位 IT 专业的研究生在暑假期间遵循澳新银行的标准与设计原则，在 IBM Cloud 之上创建了一款智能手机应用。该应用融合了诸多在澳新应用创新大赛上的创新原型，实现了银行数据可视化，展示了与客户交流的移动端应用界面等真实场景：客户可随时随地通过手机访问自己的银行信息与财务收支状况、查看财务分析图表与报告、查询交易地点以及历史交易金额等信息。

（二）亚洲地区——以星展银行为例

星展银行在 2014 年开始向科技公司转型，计划成为"提供银行服务的科技公司"，并规划了三个目标阶段：第一，核心业务的数字化；第二，与客户融为一体，让银行变得隐形；第三，转变成一家拥有 2.2 万人的初创企业。

从 2009 年开始，星展银行迈出了拥抱数字化的第一步，即审视、更新当时的基础设施，更新改造了数字中心，将 50% 的数据迁移到云端。2014 年，星展银行已经解决了基本的技术问题，准备开始建设数字银行。星展银行过去 85% 的技术工作由外包公司完成，通过转型，星展银行在 2017 年实现了自营完成 85% 的核心技术工作，其余 15% 的非核心技术采用外包的方式完成。

开放银行的建立对于星展银行来说，是银行整体数字化道路的一部分，与其他因素一起共同推动了银行的数字化进程。星展银行于 2017 年推出当时世界范围内银行发布的最大的银行 API 开发平台"DBS Developers"，上架 150 多支 API，提供资金转账、卡友红利、手机支付、联结星展支付工具 PayLah! 等服务，提供全球数量最多和关联性最高的银行 API。这些 API 覆盖了从金融科技到生活方式等各个方面。该平台提供丰富多样的 API，方便其他品牌、企业、金融科技和软件开发商接入，进而提升星展银行在打造以客户为中心的创新体验方面的领先地位，显著推进星展银行的数字业务和客户影响力。该平台在新加坡发布时即连接了 20 多个类别的 155 个 API，如资金转账、奖励、PayLah！和实时支付等。经过两年多的发展，目前该平台已拥有超过 350 个 API，并与 90 多个合作伙伴建立了联系，包括 AIG、Chubb、MSIG、Paisabazaar、新加坡国税局、Singtel、Agrocorp、Calista、Bukalapak、Wanxiang、Grab、SoCash 和 GOJEK。目前，有 3500 名注册开发人员将星展银行的 API 整合到各自的解决方案中以增强客户的体验。值得注意的是，已有 50 多家企业进驻该平台为客户开发带来更多便利、更高价值的解决方案，这其中既有美亚保险、麦当劳、MSIG、PropertyGuru 等家喻户晓的公司，也有 Activpass、FoodPanda、Homage 和 soCash 这样的新兴企业。

此外，星展银行于 2018 年启动了一项旨在将星展银行、中小企业客户的问题及痛点与初创公司相匹配的计划——Startup Xchange。Startup Xchange 计划专注于前沿技术的四个领域，即人工智能（AI）、数据科学、沉浸式媒体和物联网，以确保星展银行能够长期保持对这些技术的关注。通过利用这些新兴技术的力量，银行能够以更快、更无缝的方式满足客户的业务和生活需求。星展银行在其两个最大的市场新加坡和中国香港推出了 Startup Xchange 计划。与传统的加速器不同，Startup Xchange 引入初创公司与银行共同创建解决方案，从而及时解决业务上遇到的问题。Startup Xchange 为初创企业提供在银行学习和合作的机会，同时也鼓励银行员工向初创企业学习，发展自身的设计能力和敏捷思维。

（三）欧洲地区——以 Monzo 银行为例

Monzo Bank Ltd.（Monzo）成立于 2015 年 2 月，是一家位于英国的数字移动银行，英国金融科技初创公司之一，Monzo 的快速发展得益于英国对开放银行模式的大力推动。

Monzo 最初通过移动应用和预付借记卡进行运营，在 2017 年 4 月获得银行执照后，开始为客户提供长期银行账户服务。但从 Monzo 的发展趋势来看，它似乎更希望未来银行能成为一个市场。Monzo 以新生代的年轻客群为目标，预计推出包括消费分析、支付转账、预算管理等日常金融服务。Monzo 被誉为"英国挑战者银行"，与传统银行不同，Monzo 仅通过应用程序在 iOS 和 Android 上运营，没有实体银行。该公司将自己称为"未来的银行"。Monzo 账户的申请方式简单快捷，办理开户和借记卡，只需在手机 App 上传申请资料即可，其 App 支持自动记账、动账推送、快速付款链接和拆账等功能，同时支持绑定 Apple Pay 或 Google Pay。此类新型银行从传统银行以储蓄为主的业务转向了保险、信贷和财富管理服务，通过其个性化的应用程序和更低的费用吸引传统主流银行的客户。这些新型银行的用户数量出现了快速增长，其中，Monzo 的银行开户量占英国现有新开银行账户数量的 15%。截至 2019 年 12 月末，通过 Monzo 网站实时显示的客户数量已达 355 万人。

Monzo 的创始人兼首席执行官汤姆·布洛姆菲尔德（Tom Blomfield）称："从 2018 年 1 月开始，开放式银行迫使英国九大银行与持牌初创公司分享它们的数据（须经账户持有人批准）。这种变化的一个简单好处是，我们将能够在一个地方协调来自不同银行的交易，例如 Monzo 应用程序。更进一步，我们可以基于开放数据为客户构建个性化的服务和产品组合。"客户在使用 Monzo 账户的同时，还能够获得其他机构提供的六大类产品和服务，包括 P2P 投资、境外支付、ISA 投资、抵押贷款和账单拆分等，进而丰富了 Monzo 的产品线，为客户提供一站式金融解决方案。Monzo 银行认为，其客户有权根据价格、便利性和客户服务自由选择符合自己需求的金融产品和服务，而 Monzo 银行则专注于做好活期账户服务，为客户提供最佳体验。

用户只有将 Monzo 账户当作其主要的银行账户，Monzo 银行才能从中盈利。这种商业模式需要收集大量用户的数据，进而给用户推荐来自第三方的产品或服务，并收取相应的佣金。虽然目前仅有 1/5 的用户将该账户设为薪资账户，但超过 45% 的用户每月至少向该账户存入 500 英镑，而该金额预计将持续攀升。汤姆·布洛姆菲尔德表示："公司想要给客户提供的是一种一键服务，客户只需轻轻一点就能获得大量的第三方金融产品，这是公司朝着'市场化银行'迈出的一步。"

Monzo 通过使亲朋好友之间的支付变得更容易来增加其传播度。Monzo 拥有一项地理定位功能，通过蓝牙技术可以发现附近其他使用 Monzo 的用户，在不需要电话号码和网络的情况下便能实现付款。这项功能正在为消费者提供高质量的银行体验，而这些体验正是现在市场上严重缺失的。对比传统银行，Monzo 基于客户的反馈和请求，以社区驱动的方式明确构建产品和银行功能。这推动了它高速的有机增长、强大的用户存留和参与度，以及客户对 Monzo 的热爱和信任。由于现代人更倾向使用手机处理一切业务，并且此现象在年轻人群中更加明显，这成为了 Monzo 不断崛起的主因。

对于银行后台系统来说，稳定性是非常重要的，而对于移动银行来说，还需要面对数以亿计的客户。客户一方面需要银行能够提供 7×24 小时安全无误的现金管理服务；另一方面希望他们的需求能够很快实现。从实践来看，独立大型应用在用户数量快速增长或者开发人员数量增长之后，会产生扩容、需求响应等一系列问题。从业务发展来看，Monzo 银行提供跨国的多样化服务，需要针对不同地区的客户进行定制。为了提高开发效率，必须减少开发团队之间的耦合，Monzo 的后台系统从一开始就采用了分布式微服务架构。在实践中，主要关注了以下技术环节。

集群管理：随着服务数量的增加，需要通过自动化的方式来管理大量服务器、分布式任务和服务器故障。

多语种服务：Monzo 主要使用 Go 语言进行开发，但是没有一种开发语言的生态环境可以满足整个银行后台系统的需要，因此整个后台需要提供能够承载多种开发语言环境的服务。

远程调用框架：由于 Monzo 拥有大量离散的服务，分布在不同的主机、数据中心，甚至不同大陆，后台系统必须有一个强大的远程服务调用层，以处理模块故障、降低延迟、厘清调用链路。

异步消息：为了提高后台系统的性能和可伸缩性，Monzo 通过异步消息队列将业务逻辑放入"后台"运行。因此，消息队列必须保证极强的可靠性，以避免消息丢失。

针对以上业务场景及市场需求特征的技术特点，Monzo 通过一系列开源软件的选型、运用，以 Kubernetes、Docker、linkerd、Kafka 为基础，构建了它们的 7×24 小时银行后台系统。

（四）北美地区——以花旗银行为例

花旗全球消费者银行业务首席执行官斯蒂芬·伯德（Stephen Bird）在《美国银行家》的报道中提到："快速的技术变革要求从

内到外的转变。通过建立一个由领先品牌和开发商组成的合作生态系统，我们将能够提供一整套产品、服务和经验，以满足客户目前和未来的财务需求。"在 API 的开发上，花旗银行秉承着开放的态度，积极拥抱创新，跨业联盟，打造自己的金融生态。

2016 年 11 月，花旗银行在全球范围内正式推出 API 开发者中心（API Developer Hub），目前共计发布了账户访问、账户授权、银行卡管理、资金转账等 9 大类 API。开发者既能运用花旗银行的 API 模块像搭积木般方便快捷地搭建出自己想要的金融应用，又能使用花旗银行的海量金融和客户数据。同时，花旗银行已经加入了英国的开放银行框架，注册为"支付启动服务提供商"（Payment Initiation Service Provider，PISP），为其他客户简化支付流程，加入开放银行后，花旗银行可以使用英国九大银行的 API，其企业客户可以直接收到英国客户银行账户的小额支付。

花旗银行的 API 项目最先在美国国内开展，随后在亚太地区重点铺开。2018 年 5 月，花旗与电商平台 PChome 合作，推出花旗 PChome prime 联名卡，双方相互开放 API 进行资料对接，目的是减少客户重复填写资料的时间，提升办卡效率。2019 年 1 月，花旗银行（香港）与易赏钱（MoneyBack）携手合作，开放积分数据的 API。易赏钱是屈臣氏集团经营的消费奖赏计划，花旗银行将花旗信用卡积分兑换功能与易赏钱平台整合，花旗银行信用卡客户可通过易赏钱网站或应用程序，将信用卡积分直接兑换为易赏钱积分。

目前花旗银行和旅游业、电商百货的跨界结盟居多，以吸引潜在客户使用银行服务。例如：开放 ATM 或分行所在位置的 API 给观光旅游类 App、网站等，让游客在旅游景点可就近办理业务；开放红利积点兑换的 API 给相关信用卡合作的零售商或饭店的账务系统使用，让合作厂商可迅速整合到银行的酬宾反馈系统中。

截至2019年末，花旗银行在全球开放9大类API。整个申请过程也十分简洁易懂，总共有5个步骤：登记注册、获取客户ID与密钥、授权、沙盒测试及进一步探索。用户还可根据不同地区，详细了解所在地区开放的API类别，具体如表2-1所示。

表2-1 花旗银行开放API类型

API类型	功能说明
ATM、支行地点	允许开发者获取各国（地区）的ATM、支行地点分布
授权	经花旗客户授权的第三方应用程序，可以访问该客户的账户数据和服务
账户	创新方式，允许客户随时访问账户信息
花旗权益积分	使用花旗权益积分支付购买费用
开户	允许第三方为新客户启动基本的开户流程
服务	允许在第三方平台上浏览银行账单、修改ATM密码
资金转移	允许客户在不同组织和账户之间进行资金转移
银行卡	给予花旗银行客户管理信用卡和借记卡的权限
客户信息	第三方可以获得客户档案数据以进行更深入的服务

资料来源：花旗银行API开发者中心门户网站。

二、我国开放银行实践案例

国内开放银行的发展主要由市场及业务驱动，以用户开放与服务开放为主。2013年，中国银行正式推出"中银开放平台"并向其分支机构及部分合作伙伴开放了13大类的标准化服务。随着近年来场景金融的快速兴起，工商银行、农业银行、建设银行、平安银行、浦发银行、招商银行等纷纷布局开放银行战略。国内各商业银行在资产规模、客户数量、新兴技术实践以及人才储备等方面差距悬殊，但随着移动化、数字化成为传统经济升级转型的重要引擎，银行业通过开放银行策略来推动传统金融转型升级是未来大趋势。目前，各家银行均在不同程度上尝试差异化探索，但尚未形成清晰统一的商业模式，也未取得真正的业务规模化效应与场景化发展。大型商业银行、股份制商业银行以及新兴民营银行（互联网银行）依托各自优势在开放银行涉及的信息技术、数据治理以及场景建设等领域积极进行创新尝试，建设开放银行生态。

（一）大型商业银行——以农业银行、建设银行为例

1. 中国农业银行

在开放银行建设方面，农业银行以全行数字化转型战略思路和 Bank4.0 理念为指导，以客户需求和场景服务为导向，切实提升用户触达、场景融合、模块复用三大能力，逐步实现金融服务从超级入口到超级接口、从单一产品到综合方案、从单兵作战到合成作战、从被动输出到主动开放的四个转变，实现金融服务供给模式转型升级和金融服务无处不在的变革式发展。

平台建设上，从无到有，高标准建设了开放银行基础平台，打造了服务网站、管控中心、接口网关三位一体的平台架构，并于 2019 年 11 月全面对外开放服务。平台对外实现了行内行外系统对接的全流程线上化与统一的身份认证、安全控制，为农业银行金融服务输出与外部场景引入奠定了标准化、通用化的平台基础；对内实现了开放银行业务的集中服务与分级管理模式，支持参数配置、查询统计、运行监控等功能的集约化处理，满足后续开放银行场景项目爆发式增长的管理需要。

在产品服务上，从散到聚，体系化建立了开放银行产品集合，对外输出合力初步形成。全面应用 API、SDK、H5 等多种技术，

图2-1 农业银行开放银行平台门户网站

标准化整合零星分散的存量接口，实现了用户认证、账户服务、支付结算、信用卡等四大类32项标准化服务的公开发布，以及近200项服务的内部发布。重点在产品体系上实现了三大突破：一是推出了农业银行首个SDK组合产品"支付SDK"，整合了在线开户、用户注册与线上支付服务，从用户体验上拉平了与三方支付的距离；二是试点发布了农业银行首个基金理财类开放产品"快e宝"，实现了农业银行金融产品的直接销售新模式，为下一步存款产品输出及"账户+理财+支付"类产品组合探明方向；三是通过开放银行平台规范了企业账户与信用卡服务等存量系统输出的接口管理，为保障统一风险控制与数据统计分析奠定了基础。

在场景应用上，从零到整，系统化打造了开放银行应用方案，有效支撑了总分行场景拓展能力。坚持"以场景带产品，以产品促场景"，紧扣全行场景金融拓展的需要，有针对性地打造切合场景特色的金融服务方案，实现了开放产品研发与场景应用的有效衔接。G端以国家政务平台为样本，打造了政务服务方案，成为全行推进数字政府、智慧城市建设的标杆；B 端封装企业账户服务接口，嵌入浪潮等财务软件，实现了对中小微企业的批量化覆盖；C 端以 API、H5、SDK 全模式在线开户服务打通外部平台获客通道，形成了"开户 + 支付 + 理财"的聚合服务包，成为低成本覆盖交通、物业、消费等零售场景"长尾"客户的利器。

在风险控制上，以"三道防线"构建安全可持续的开放生态。事前防控，严把三个准入关：业务准入，确定开放范围和界限，确保合法合规；接口准入，服务接口统一标准、统一编码、统一管理；第三方准入，基于大数据建立模型，对第三方的业务资格、经营状况、运营能力、安全与技术能力进行综合风险评价。事中监督，稳抓四个管理：一是数据安全管理，保障数据全生命周期安全，加强敏感信息保护；二是网络安全管理，实时监控、风险预警、自动处理；三是访问控制管理，建立权限控制、多因素身份认证等机制；四是服务运行管理，建立一整套的运营管理机制。事后处置，建立四个机制，即风险应急响应机制、接口退出机制、风险补偿机制和客户利益保护机制。

在构建生态上，着力打造"三农"普惠领域。努力发挥农村金融、普惠金融的骨干支柱和示范引领作用。一是构建"互联网 + 农村金融"的新型服务体系。建设面向城市和农村两个市场，集金融服务、社交生活服务、电子商务服务于一体的智能互联网金融平台，提供专业的金融服务、便捷的企业服务。二是探索普惠金融发展的新型智能化模式。构建基于"大数据 +AI"的线上小微企业服务体系，改变以财务报表为核心、以人工操作为手段的传统小微信贷模式，大幅提升普惠金融能力和实体经济服务能力。三是建立以"e 贷系列"小额线上融资产品、"云贷系列"供应链融资产品为代表的普惠产品体系。

2. 中国建设银行

建设银行认为，开放银行是以用户体验为导向、以生态场景为触点、以金融机构核心能力为支撑，依托现代科技，与客户、员工、供应商、科技开发者等主体共建共享，从而为客户提供体验一流的金融服务。因此在开放银行创建之初，建设银行就提出了开放银行的生态圈愿景：连接服务场景与金融服务，让一切金融服务触手可得。

建设银行开放银行以"开放金融服务，赋能合作伙伴，构建生态体系"为基本宗旨，通过服务开放实现核心金融能力输出，满足客户差异化需求。平台整体生态共分为三层：第一层是服务场景面向的广大互联网受众，包括第三方企业、最终用户；第二层是开放银行服务平台，具体包括了客户中心、服务中心、运营中心、安全中心和监控平台几个模块，不同模块间的合作运行帮助平台实现标准连接、快速连接、安全连接的目标成效；第三层是整个生态体系的基石——建设银行私有云的各个金融服务组件，如信用卡、电子银行个贷、基金等，各组件通过外联层对外提供基础的金融服务，如账户、支付、理财等。

在服务模式建设方面，建设银行开放银行目前支持页面模式和接口模式两种模式。在页面模式中，银行客户通过登录C端设备上第三方合作机构的页面，便可以通过调用移动端SDK将交易发至开放银行服务中心，再由服务中心转发交易至银行后端各服务组件；在接口模式中，银行客户使用的交易会先从C端到达B端服务器，再经由服务端SDK调用至开放银行服务中心，继而转送到银行后端各组件。

在平台能力建设方面，建设银行开放银行服务平台目前具备三大能力：连接能力、安全能力和企业级2B业务整合能力。连接能力主要是指平台可以通过线上注册、实名认证、服务权限审批、沙箱测试、上线等方式实现第三方机构和银行后端服务的快速连接，通过SDK屏蔽大量底层技术细节，降低接入技术门槛。例如，2019年3月，平台仅用3天时间即实现了国务院办公室App接入建设银行银行卡合约信息查询功能的测试投产，连接能力在降低投入成本方面效果显著。安全能力是指平台可以通过互联网接入方式替代传统的专线接入方式，互联网接入方式是零成本的，而专线接入方式以小米为例，20M带宽异地专线每年产生50万元的费用，这样一比较，平台的优势一目了然；同时，平台具有防黑客攻击，防客户数据泄露，报文防篡改、解密，SDK防篡改、滥用，防DDOS攻击，流量控制，安全监控等安全能力。企业级2B业务整合能力是指平台通过横向打通建设银行各产品线，实现2B业务统一业务运营。例如，小米接入了建设银行小米钱包、基金、理财服务；云南政务、惠懂你贷款、ETC等也都接入了建设银行开放银行多项业务功能，平台从而可以提升客户体验，有利于加深客户合作，维系客户关系，此外也有助于集团内部形成合力，积累流量。

图2-2　建设银行开放银行管理平台门户网站

建设银行开放银行自 2018 年 8 月上线以来，已经取得一定的业务成效，业务场景覆盖政务工商、住房租赁、"三农"务工、物流供应链等多个领域。在平台运行首年，主要的业务成效包括：信用卡服务实现账单分期累计交易金额 210 亿元，购车分期厂商对账 30 万余笔；建设银行裕农通服务与海尔小顺管家合作拓展网点 4666 个，与益农信息社合作拓展网点 2756 个；建设银行惠懂你服务累计授信金额达 15.5 亿元，贷款余额达 9.3 亿元；个贷服务实现累计贷款交易金额 4 亿元；共享钱包服务实现累计 C 端获客新开户 139.4 万人；建设银行对公预约开户服务实现对公预约开户 20000 户等。从产品维度看，截至 2019 年底，建设银行开放银行已对外发布 34 款产品服务，15 款产品服务处于测试中；同时已向 60 家合作机构输出服务，其中 57 家正在实施中，小米、多点、阿里菜鸟、国家电网、小顺管家、可口可乐、碧桂园、满帮等企业都在建设银行开放银行的合作名单上。

（二）股份制商业银行——以平安银行为例

平安银行一直以来坚持"科技引领、零售突破、对公做精"的战略方针，在开放银行这一全新领域积极探索、谨慎实践。在把控风险的前提下，平安银行不断寻求能够利用开放银行这一技术手段，全面服务实体经济、服务中小微企业的新兴业务模式。

平安银行发展开放银行的核心思路是本着"开放、共享、合作、创新"的理念，在满足安全可控的前提下，充分利用先进技术，将金融服务无缝嵌入各类场景，与合作伙伴有效协同，为客户提供触手可及的服务，提供更好的体验。具体在开放银行的探索工作上，主要包含以下几个方面。

一是建设开放平台，为开放银行打造基础。平安银行于 2017

年初成立了 Open API 开放平台研究小组,经过对政策和发展趋势的充分研究、对国内外实施案例的深入学习,以及对开放平台建设的可行性验证,平安银行自建了 Open API 开放平台,并通过一系列产品服务的试运行,逐渐沉淀了开放银行的管理模式,为开放银行的建设打下了良好的基础。平安银行在建设 Open API 开放平台时,重点考虑以下几个方面:

在安全管控方面,通过对通信安全、架构安全、数据安全、业务安全的全方位管控,防范互联网攻击,在确保安全可控的前提下提供金融服务。同时,平安银行还参考英国的《开放银行标准框架》,在保护用户隐私和数据安全方面提出了相关的安全管控措施。

在高性能支持方面,通过引入异步处理机制、分布式缓存机制,从底层设计上降低平台运行时对数据库的依赖,满足互联网海量交易的请求。

在流量管控方面,通过流量管控,保障开放平台系统以及银行业务系统的平稳运行,当出现后台系统服务质量不佳的情况时,流控服务可在接入层直接挡回,避免交易在系统中因占用过多处理资源而降低整体服务质量。

在线上运营方面,提供在线发布、在线申请、在线审批、在线测试、在线投产功能,为用户提供全流程线上化支持。

在服务治理方面,对开放的 API 通过服务治理实现标准的、统一的管理,实现对 API 资源的维护、分组、发布、变更、审核、版本管理、分析,有效提高运营效率。

二是制定开放规范,确保有序开放发展。平安银行采取规范先行的方式,通过规范的约束,引导银行金融服务有序对外开放。在制定规范的过程中,平安银行充分借鉴了同业的先进经验,包括:《开放银行标准框架》、Open API Initiative 发布的"Open API Specification 3.0"、蚂蚁金服开放平台和腾讯开放平台的开放规范等。同时,结合自身的管理诉求,制定了平安银行内部的开放规范,主要包括服务安全规范、服务集成规范、服务发布规范、服务支持规范、服务下行规范、接口报文规范等。以接口报文规范为例,对外服务的 API 采用的是业界主流的 HTTPS/JSON/RESTFUL 规范,该规范具有简单易懂、灵活轻便、支持敏捷开发等特点。

三是渐进式开放金融产品服务,主动融入场景。平安银行采取渐进式开放策略,优先开放安全性要求较低、业务模式较为成熟的产品,再逐渐开放安全性要求较高、业务模式较新的产品。目前,平安银行已经对外开放了 14 个产品、246 个 API,并有 153 个合作伙伴接入,主要围绕着支付、理财、资金存管等领域展开探索,主动融入场景,提供及时的金融服务。

在未来发展规划方面,平安银行高度重视开放银行的建设,已将开放银行的构建列为未来一段时间的重大项目,并在金融科技试点项目指导委员会、工作组的指导下开展,同时安排项目管理办公室(PMO)定期督办项目进展,定期汇报项目工作进展、资源需求、存在的问题、风险等,全面确保项目工作顺利开展。在开放银行领域,平安银行未来规划包含以下四个方面。

一是在开放银行平台建设方面,要强化服务流程优化,提升合作方接入效率,降低银行运营成本。要重视技术架构优化,引入分布式技术和前端技术,在提升系统的性能和扩大系统容量的同时,提升用户操作体验。要关注基础能力的提升,结合开放银行的目标,进一步完善用户体系、增强安全管控、丰富开放形式、优化运营管理、提升监控能力。

二是在交易银行、支付收单、投资理财、同业服务、智慧政务等方面强化开放银行场景建设。

三是在开放银行业务及技术管理制度方面，一方面，在监管指引意见下，进一步规范银行内部业务的开放和技术实现；另一方面，对合作方的业务范围及技术可靠性提出规范要求，并进行严格审核。

四是在能力输出体系建设方面，根据已投产系统应用情况和对未来场景的分析，结合人民银行牵头制定的相关规范和指引，对Open API开放服务（功能、数据）的范围、粒度等进行分析、优化，在探索中逐步形成一套成熟的能力输出体系。

（三）城市商业银行——以徽商银行为例

作为扎根本土，服务地方经济发展的商业银行，徽商银行在数字化转型及开放银行领域不断探索，积极创新金融产品、丰富服务平台，努力满足城乡居民和实体经济多样化的金融需求，进一步提升金融服务实体经济质效。

1. 开放平台探索——交易家平台

徽商银行于2019年7月投产运行了交易家平台，作为徽商银行交易银行业务开展的重要支撑平台，交易家平台以用户需求为导向，整合内部数据、架构和服务，并借助开放平台实现相关金融服务的对外开放，实现徽商银行对公金融从网点服务向场景服务的转变，从信息孤岛向平台经济的转变。

在开放平台建设方面，交易家平台通过API、SDK、H5等方式，建立与平台企业的连接，一方面支持平台企业通过开放平台使用徽商银行金融服务，完善其业务链条，优化用户体验；另一方面徽商银行也可以借助平台企业的力量，将银行服务嵌入具体业务场景，丰富业务形式，直接触达终端用户。当前交易家开放平台已实现开放接口60多个，涉及资金账户服务、支付服务、资金监管服务等领域。

2. 场景应用实践——"电商通"

随着电子商务行业的发展，越来越多的传统企业将线下业务转移到线上电商，电子商务发展势头迅猛，电子商务由于交易过程中资金流无法与物流同步的固有特点，形成了"先款后货"，而在大多数业务模式下预付资金是由电商平台代管的，于是带来了诸多资金安全问题。目前徽商银行正在主推的"电商通"就是基于开放平台实现的，主要为解决电商平台客户上述痛点，意在帮助平台类企业提供交易资金监管服务，解决企业间资金安全问题的线上产品。

"电商通"通过帮助电商企业搭建符合监管要求的资金账户体系，通过后端实现系统与银行内部账户的封闭式管理，做到将平台资金与商户资金完全隔离，有效消除客户资金安全疑虑，让平台运营更具合规性。与此同时，还能够为交易平台类客户提供支付通道、统收统付与分账结算管理等服务。

徽商银行未来基于"电商通"与淮河大宗交易信息平台、薪云宝等平台客户进行对接，合作项目陆续投产后徽商银行将借助此开放平台，研发更多嵌入客户交易场景的产品，践行开放金融。

（四）民营银行——以微众银行为例

通过开放银行的战略和实践，银行可将自身的产品、风控、科技等能力嵌入垂直行业，更直接地触达目标客群。在这个过程中，银行服务得以搭载在丰富的用户场景之上；而缺乏金融资质和能力的合作伙伴也得以向用户提供贴合场景的金融服务。这无形之中使银行具备了服务长尾客群、助力普惠金融的能力。

作为国内首家开业的民营科技银行，微众银行成立之初就定位为服务大众消费者和小微企业的"连接平台"，聚焦普惠金融的战略构想与当前"开放银行"理念一脉同源。微众银行在开放银行战略上，也具有更为独到的理解与实践——在2018年微众提出了开放银行的3O体系，即开放平台（Open Platform）、开放创新（Open Innovation）和开放协作（Open Collaboration）。开放平台，即通过API、SDK、H5等嵌入模式对外提供银行服务，聚焦于支持自身业务创新和场景金融创新；开放创新，则是基于开源软件、知识产权授权、参考实现（RI）等赋能合作伙伴，降低合作门槛，着力于支持合作伙伴和技术社区创新；开放协作，是基于分布式技术形成开放商业联盟，立足于跨机构协同创新和支持分布式商业生态创新。总体而言，微众银行的开放银行战略，积极鼓励开源和开放，甚至超越国际社会对开放银行的定位范畴，更强调通过能力开放和技术开源建立起一个共赢、更有生命力、更蓬勃的生态体系。

1. 微众银行的开放平台实践

微众银行一直是开放平台的践行者。自成立以来先后推出了多款基于场景的金融产品，如基于二手车买卖场景的微车贷服务、基于线下商超购物场景的金融服务等。其中，前者通过API将贷款及支付能力嵌入二手车交易流程，后者则采用小程序的形式将银行支付服务与实体商超购买场景相融合，用户无须前往银行网点或打开银行App，即可享受便捷的银行服务。此外，微众银行还推出了"微动力"理财超市，将自身的理财产品通过SDK集成于合作银行App[①]，为当地用户提供更丰富的产品选择。

---

① 该模式是银行将服务嵌入业务生态以获取生意，例如，从微粒贷借钱，无须下载微众银行App，可通过微信支付或QQ钱包直接进入相应业务。

2. 微众银行的开放创新实践

通过开放创新，银行作为开放者，可获得来自其他社区参与者的知识贡献，使其技术得到创新与升华；社区参与者则可节约底层技术研发的成本，专注于业务探索与应用落地。社区成员互相成就，银行由此赋能合作伙伴的创新。

目前，微众银行已将人工智能、区块链、云计算、大数据等四大技术领域的核心技术完全开源。

在人工智能领域，开源了自主研发的联邦学习平台 FedAI，并贡献给 Linux 社区；还开源了一个分布式计算存储引擎 GGROLL。

在区块链领域，已联合"金链盟"[①]的多家机构开源了 FISCO BCOS 区块链底层平台，并提供一系列商业化组件。例如，WeIdentity 身份管理框架，有益于保护数据隐私；WeEvent 分布式事件驱动框架，有利于驱动 5G、IoT 应用落地；WeBASE 区块链中间件平台，有利于区块链开发更容易、更可视和更可管理。目前，FISCO BCOS 生态已初步成型，社区成员和开发者扩展至上万名，连接和服务的企业遍布各个行业。区块链技术在各领域的创新应用层出不穷，不仅在金融机构间对账、旅游金融、供应链金融、场外股权市场等金融领域有所突破，在司法存证、文化版权、娱乐游戏、社会管理、政务服务等非金融领域也涌现了多个商业级应用。由此可见，开放创新所创造的价值，远远丰富于单个机构的闭门造车，通过机构个体智慧的开放授权，激发集体智慧的碰撞融合，势必获得"1+1>N"的成效。

---

① 2016年，微众银行在深圳发起成立金融区块链合作联盟（深圳）（简称金链盟）。

在云计算领域，微众银行已将很多能力产品化。例如，WeCMDB 是微众银行科技体系中最核心的配置管理服务系统；WeCube 是分布式架构框架管理体系，上述体系均已开源并以解决方案的形式贡献给社区。

在大数据领域，微众银行开源了完整的大数据套件，包括金融级大数据平台 WeDataSphere、大数据中间件 Linkis 和探索分析工具 Scriptis 等，便于连接技术、简易探索、分析过程。

3. 微众银行的开放协作实践

如果将开放平台与开放创新总结为银行以不同程度向合作伙伴开放金融能力与科技能力，在银行业务场景化创新的同时赋能合作伙伴。那么，开放协作便是进一步拥抱开放，在业务、技术能力合作的基础上，与合作伙伴共建商业生态，实现跨机构的协同创新。

以微众银行正在探索的供应链金融服务平台为例。传统供应链金融存在着授信方式局限、融资方式不灵活、产业链信息孤岛等痛点，这导致中小微企业融资难、融资贵的问题。微众银行供应链金融服务平台基于供应链上下游真实贸易背景，以商业银行保理服务为法律依据，实现了供应链多级链属企业之间应收账款的债权融资，在盘活存量资产的同时，解决链属小微企业融资难、融资贵的窘境。通过该平台，银行、核心企业、链属企业（供应商）等供应链参与方进行了有机连接，共同营造供应链生态圈。由此，银行可通过平台连接渠道方及客户，有效利用其闲置授信额度；而整合核心企业及各级供应商信息流后，可有效降低业务风险，有助于银行深度经营核心企业。核心企业则通过平台为其应收或应付账款注入流动性，在票据之外提供更为简便快捷的结算方式。此外，平台可有效减少财务费用并增加收益，提升核心企业的参与动力。对于链属企业来说，平台为其供应商提供了新的按需灵活融资的渠道。同时，纯线上操作也提升了各级供应商的操作体验。在整个生态圈中，各参与方各司其职、互惠共赢，达到生态圈利益的最大化。

4. 微众银行的开放银行风险管控思考

在传统模式中，银行系统是个闭环，银行只需要保障自身的信息安全及风险防控能力。然而，开放银行促使银行与诸多合作伙伴建立连接，面对复杂多样的外部合作伙伴环境，安全挑战随之而来。微众银行在开展开放银行业务时，综合考虑到可能面临的网络安全风险及合作伙伴连接、数据隐私保护等安全风险，提出微众银行的安全风险管控基本原则。

一是建立在"安全沙箱"机制下的开放银行合作模式，保证银行业务的安全性和完整性。"安全沙箱"是指对银行在与第三方合作中提供的 API/SDK/H5 等开放接口和代码包，建立独立的安全保护机制，使银行提供的接口组件与合作方的应用程序之间形成相对清晰的安全边界，确保银行的敏感数据不落在客户端环境，避免受到客户端恶意软件或合作方安全漏洞的影响。同时，客户端代码包与服务端之间的通信通过微众银行的独立加密隧道，避免受到来自网络的劫持等攻击，从而在实现对外开放的同时，保证开放的安全性。

二是银行自身建立相对明确的对外合作数据管控原则，从数据治理方面防范敏感用户数据泄露风险。基于现阶段外围环境的不确定性，微众银行定义了自身对外合作数据"只进不出"的管控原则，针对所有落入微众银行内部的生产业务数据执行内部数据治理规范，为每项数据确定责任人和授权管控流程，严格控制数据对外泄露风险。

三、开放银行实践的国内外情况比较

通过对比国内外开放银行商业模式的实践发现，国内移动互联网、大数据、云计算、人工智能等技术突飞猛进，与银行业融合，为开放银行转型提供了必要的技术环境，尤其是移动智能终端的普及，使银行产品及服务不再受限于线下网点渠道覆盖范围，触角伸向更为广泛的需要金融服务的客户，国内银行结合各自特点积极尝试，快速推进国内开放银行的发展。

国外开放银行的实践中出现两类银行，一类是以线下实体网点开展业务的传统银行，如案例中提及的星展银行、花旗银行、澳新银行；另一类则是在诞生之时即无实体网点的新兴数字化银行，如案例提及的英国数字银行 Monzo Bank 等。无论是传统银行还是新兴数字银行，开展开放银行的实践中均体现了"数字基因"。星展银行在 2006 年提出"带动亚洲思维"（Living, Breathing Asia）的战略宗旨，扎根亚洲开展数字化转型，花旗银行在 2012 年提出"移动优先"（Mobile First）战略，并在 2017 年进一步提出"打造数字银行"的新战略。新兴数字化银行则是自带数字基因，按澳大利亚 Volt Bank 首席执行官史蒂夫·韦斯顿（Steve Weston）的话说，"没有传统系统，也没有分支机构基础设施，我们从头开始并按照应有的方式建立银行"。Volt Bank 作为一家独立的、100% 数字银行，它着重于利用科技为消费者创造更出色、更简单的资产管理方式。通过在云端部署 Temenos 的 SaaS，不仅具有敏捷度、可扩展性而且安全，能够使该银行在符合澳大利亚法规的前提下，快速推出新产品，为客户提供丰富的数字化体验。

国外开放银行从本质来看是数据驱动形成价值交换的网络，从本书第三章第一部分详细介绍国外开放银行监管现状所述的各国监管政策中涉及银行"数据标准"规范中可见。例如，英国《开放银行标准框架》包括数据标准，要求英国九大银行（其他银行可参照执行）遵循统一的数据开放标准，支持客户（包括个人和中小企业）将自身账户信息向第三方机构共享，新加坡金管局《API指导手册》涵盖"数据标准"等。国内开放银行在数据共享方面尚未真正涉及，有待监管机构制定安全规范标准和规范指引。在本书开篇第一章开放银行范围中"数据开放"部分亦有述及，国内商业银行对数据开放持谨慎态度。课题组从以下四方面就国内外开放银行实践中的异同进行了比较（见表2-2）。

表2-2 国内外开放银行实践比较

比较内容	国外开放银行实践	国内开放银行实践
驱动力	自上而下驱动，从最初政府支持、研究机构探索，到开放银行标准框架的发布；欧盟PSD2的出台和规范，加速了全球开放银行的探索实践	市场驱动，国内以"BATJ"互联网企业为代表，特别是以支付宝及财付通为典型的第三方支付公司迅猛发展的业务创新，强调"客户体验"为其突出特色，让用户的金融需求不断提升，对银行传统服务模式形成冲击，商业银行积极尝试开放创新
技术载体	以API为主	API、SDK、H5
开放内容	在监管政策范围内，将银行价值数据与合格第三方共享，提高市场活力。欧盟PSD2通过开放API将金融数据的所有权及使用权转移到用户手中，以鼓励金融科技创新，让用户选择更适合自己的金融服务；在美国，大型银行多与独立合作伙伴建立数据共享关系；新加坡等以API和数据共享为核心驱动强劲增长	借助金融科技手段，将银行产品和服务嵌入合作方的应用程序中，拓展金融服务渠道。基于监管政策，对银行数据开放持谨慎态度，更多银行需先建立内部的数据标准和规范，对内部用户数字化，实现内部数据互通，为银行机构自身的产品和服务形成支撑
开放业务	主要以银行账户的"支付功能"为主，辅以信贷、理财等服务，个别服务于中小企业	商业银行依各自优势或内部转型需要，在支付、信贷、理财、供应链（普惠金融）以及金融同业合作中推广开放银行

第三章 开放银行的监管现状与对策建议

不同国家的监管政策对开放银行的发展起到了不同的作用。欧盟和英国开放银行的发展具有明显的监管强制推动特征，呈现出在监管要求下自上而下的发展态势；美国的金融市场发达，监管法律相对健全，尚未出台针对开放银行的监管法律，但是很早就出台了有关消费者金融信息保护的法规。亚太地区的监管则侧重于对行业自愿发展的指导，通过设定指导性原则，保证开放银行实践的正确方向。中国的开放银行由银行机构等市场参与者发起，目前没有统一的监管框架，但是相关法律在不断完善，为将来的监管框架奠定了一些基础。尽管不同国家的监管导向有所不同，但在信息和隐私保护、数据和安全标准、行业治理模式等方面均作出了相应的规定，以促进开放银行业务的健康有序发展。

一、欧美地区开放银行监管现状

（一）欧盟

欧盟是开放银行相关监管政策制定和实施较早的地区，通过出台一系列的政策，建立了较为完整的监管体系，对欧洲开放银行体系自上而下的建设和发展起到了关键的推动作用。其中，先后发布的《支付服务指令2》（Payment Services Directive 2,

PSD2）和《通用数据保护条例》（General Data Protection Regulation，GDPR）为开放银行的发展奠定了重要基础。

PSD2是在PSD的基础上发展而来的。在相关计划施行之前，欧洲支付市场各种各样的支付机制、协议和法律法规并存，每个国家都有自己的一套关于账户编码规则、数据交换格式等的技术标准，支付安排和支付工具偏好方面也存在较大差异。这种"各立门户"的现象阻碍了跨境支付的发展，影响了欧洲金融市场一体化进程的推进。在这样的背景下，为统一各国的支付标准和法律基础，欧盟先后出台了《支付服务指令》和《单一欧元支付区计划》（The Single Euro Payments Area，SEPA）等监管法令。随着网络和移动支付的发展，《支付服务指令》不能覆盖新的产品和服务，欧洲议会和理事会于2015年11月发布修改后形成的PSD2，宣布该指令自2016年1月12日起生效，并要求欧盟成员国在2018年1月13日前，将PSD2落实到各国法律。该指令纳入了支付发起服务商（Payment Initiation Service Provider，PISP）和账户信息服务商（Account Information Service Provider，AISP）两类新兴第三方支付服务提供商，并制定了《支付账户开放规则》（Access to Payment Account，XS2A），推动了开放银行的核心监管。

GDPR是欧盟地区在数据监管方面的主要实践成果。自1995年以来，欧盟一直在不断探索数据监管，虽然出台了一系列数据保护指令，但各成员国在法律实施方式上存在差异，数据保护程度不一致，增加了法律不确定性和行政成本。在发布PSD2的基础上，2016年4月，欧洲议会和理事会通过了GDPR的最终稿，并规定从2018年5月25日正式实施，以统一各成员国的个人数据保护规则。GDPR的出台提升了欧盟公民控制其个人数据的便利性，这主要体现在四个方面：一是提升了数据的可访问性。GDPR 要求提供有关如何处理数据的更多信息，并确保以清晰易懂的方式提供这些信息。二是增强数据可移植性。GDPR 使服务提供商之间更容易传输个人数据。三是明确了数据的擦除权。如数据所有者主动废弃数据的合理使用权，数据可被删除。四是加强数据泄露对相关主体的知情权管理，保管数据的公司和组织必须在数据泄露后及时通知个人，并向相关的监督机构报告具体泄露情况。

（二）英国

英国国内银行业缺乏竞争，英国竞争与市场管理局（Competition and Markets Authority，CMA）的调查显示，英国客户对银行服务的黏性较强，个人客户和企业客户更换银行的动力较弱。根据调查结果，英国前四大银行涵盖了 80% 的英国经常账户，这些占有市场优势的大中型银行无须竞争，即可留住客户，这限制了市场的创新活力和客户体验的提升。在英国国内市场需要和欧盟监管要求的共同推动下，英国基于 PSD2、GDPR 等制定了相关的法律法规和监管措施，英国的开放银行建设走在了世界前列，成为第一个真正建立开放银行的国家。英国开放银行监管体系的构建过程可以划分为三个阶段。

第一阶段是 PSD2 发布后，欧盟要求欧洲经济区各国将 PSD2 转化为相关法律，英国对开放银行的监管由此拉开序幕。

第二阶段是由英国财政部牵头，2015 年 8 月成立开放银行工作组（Open Banking Working Group，OBWG），工作组的目的是研究并制定详尽的开放银行框架与标准。为平衡各方利益，OBWG 的成员主要包括银行专家、数据公司相关专家、消费者与商业团体等各行各业的专家。2016 年 3 月，OBWG 在结合英国银行实际情况的基础上对外发布的《开放银行标准框架》（The Open Banking Standard），充分考虑了 PSD2 和 GDPR 的要求，就开放 API 的设计、交付、管理等方面提出了几点核心建议，主要包括数据标准、API 标准、安全标准与治理模式。其中，数据标准是指数据处理及存储规则，主要是数据描述、记录的规则，包括对数据展现、格式、定义和结构的共识；API 标准是关于开放 API 设计、开发和维护的准则，主要涉及架构风格、资源格式、版本控制等方面，目的在于统一开发者从不同提供者处获取数据的体验；安全标准是保护消费者数据安全，OBWG 从用户同意、身份认证、欺诈监控、客户授权四个方面提出了相关意见，对 API 规范的安全性进行了规定；治理模式的构建是为了确保开放银行标准的落实和推进，主要内容包括成立监督开放银行落实的独立机构、赋予独立机构相关权利、要求第三方机构持有保险、创建事故处理机制以及分阶段逐步引入治理模式。

第三阶段是英国 CMA 牵头成立了开放银行实施组织（Open Banking Implementation Entity，OBIE），细化标准框架细则，对市场和竞争进行监管，并推动开放银行计划分阶段落地实施。其中，第一阶段任务包括在 2017 年 3 月之前研发适应开放银行生态环境的产品、根据开放银行标准更新 ATM 与分行数据等；第二阶段任务包括通过银行授权与客户授权，第三方数据服务机构可自由对客户资料进行调取。2017 年，OBIE 要求劳埃德银行、巴克莱银行等九大银行落实开放银行发展计划并按照时间表进行开放银行建设。除参与 OBIE 开放银行发展计划的九家大型商业银行外，英国其他银行和机构也积极参与开放银行建设。截至 2019 年 7 月末，英国的开放银行共有 38 个提供实时服务的受监管实体和 151 家受监管的供应方，接口使用成功率达 98%。

（三）美国

美国金融市场发达，各类法律法规较为完善，同时市场监管机构能够及时充分地对各类创新型业务进行研究并将其纳入已有的监管体制内，进行有效监管。目前美国市场监管机构尚未发布专门针对开放银行的监管文件。但是美国很早就开始重视保护消费者的金融信息，这些实践对将来美国开放银行的规范运行发挥着重要作用。

2009年，美国政府颁布了新的金融监管法案《多德—弗兰克法案》，该法案中一条非常重要的规定就是成立消费者金融保护局，该监管机构的职责在于保护美国金融消费者的相关合法权益，一方面是保护消费者免受不公平待遇或不良产品的伤害，另一方面是确保消费者获取的关于贷款或其他金融产品信息的详尽性，对信用卡公司、房地产抵押贷款经纪人、银行等金融机构形成约束。目前消费者金融保护局已经编制出《监督检查手册》（Supervision Examination Manual）和《消费者保护原则：经消费者授权的金融数据共享和整合》，由于开放银行的核心是对消费者的金融信息进行共享，因此这两项文件基本适用于保障开放银行未来的健康发展。

《监督检查手册》援引《格雷姆—里奇—比利雷法案》（Gramm-Leach-Bliley Act，亦称《金融服务现代化法》）的相关条款，对金融消费者金融信息隐私权展开相关监管执法行动。该法案覆盖对象包括所有的金融机构，要求金融机构在与消费者订立合同时，应保证按照每年一次的频率对消费者的隐私保护规则进行揭示；同时，消费者有权对不同的信息类型确定不同的信息分享范围；此外，该法案还在消费者的信息安全方面提出了明确的指引及要求。比如该法案要求定期出具分析报告对金融消费者保护问题进行分析。这些报告应当对相关金融产品及服务的相关特征、成本及收益，以及风险等因素进行分析，披露金融产品和服务交易的管理情况。

《消费者保护原则：经消费者授权的金融数据共享和整合》是美国于 2016 年 11 月就金融数据共享广泛征求社会意见，在经过一年研究后形成的。该文件可以指导开放银行发展过程中消费者金融数据的共享和整合问题。依据该文件，金融行业开展数据共享业务必须遵循九大原则，具体包括数据获取、数据范围和使用方式、信息控制与同意、授权支付、数据的安全性、数据获取的透明性、数据的准确性、非授权获取数据的争议解决机制、问责机制。这九大原则虽然不是直接对开放银行作出的规定，但完全适用于该业务。

二、亚太地区开放银行监管现状

亚太各地都在积极拥抱开放银行，但是各地环境不同，推进手段和进度各不一样。整体来看，新加坡政府通过建立开放银行指导标准、提供信息开放平台来引导本地开放银行发展，而本地银行也积极响应。中国香港市场对开放银行的需求较小，银行业反应不甚积极，监管层对开放银行的推进力度和速度也表现得尤为审慎稳健。澳大利亚政府则通过立法和制定规则，在充分保护个人隐私的前提下，以有形的手大力推动开放银行业务。

（一）新加坡

2015 年下半年开始，新加坡将建设"智慧国家"作为政府的重点发展任务，不遗余力地推动 Fintech 企业、行业和生态圈的发展。新加坡政府于 2015 年 8 月在新加坡金融管理局（Monetary Authority of Singapore，MAS）下设立金融科技和创新团队（Fintech & Innovation Group，FTIG），并投入 2.25 亿新元推动"金融领域科技和创新计划"（Financial Sector Technology & Innovation Scheme，FSTI），鼓励全球金融业在新加坡建立创新和研发中心，全面支持地区金融业发展。

在开放银行方面，不同于欧洲、澳大利亚和中国香港，新加坡开放银行 API 的实施没有受到任何监管政策的限制，政府的作用是引导。然而，这并不影响新加坡政府在设立开放银行标准、营造创新环境上的积极作为。新加坡对开放银行的引导体系主要包括两大方面：一是 My Info 政府信息开放服务，二是《API 指导手册》（*Finance-as-a-Service：API Playbook*，以下简称 Playbook）。

新加坡早在 2013 年就在政府的主导下积极推动开放政府数据，并逐渐成为当今新加坡开放银行的重要组成部分。2013 年，新加坡政府制定了资料分享原则，开放了 60 多个政府部门与机构约 8600 项数据。同时还推出了 Sing Pass 服务作为新加坡政府网站的通行证。2017 年进一步推出 My Info 服务，将 330 万 Sing Pass 使用者资料自动加入。My Info 储存多项个人信息，包括身份证基本资料、职业收入、家庭婚姻资料等。与 PSD2 类似，用户有资料使用权，有权决定是否授权第三方使用资料。当需要身份验证时，只要授权第三方存取 My Info，即可将资料即时传输，省去手动填表的麻烦，并能有效进行身份验证。授权使用的机构或个人包括银行、金融科技业者、邮政、房地产和公用事业机构等，大大提升了各项业务申办效率。

2016年11月，新加坡金融管理局联合新加坡银行业协会发布《API指导手册》，提供了API的选择、设计、使用环节指导，以及相应的数据和安全标准建议，主要涵盖以下内容。

一是对API进行分类，基于银行、保险机构、资产管理公司、监管机构的5600多条既有流程，根据重要性筛选了411个API，并对每一个API提供了详细的功能说明。

二是对API经济的参与者进行定义并明确分类，包括API提供者、API消费者、金融科技公司、开发者社区四大类，同时给各方提供了角色指导和执行指南。

三是明确了开放银行的相关标准，包括数据标准、API标准、安全标准三大类。数据标准基于数据类型、涉及行业、区域差异这三种不同的条件对传输的数据语义、语法等进行了统一。API标准针对API架构、开发与部署、授权、版本等方面做了统一规范。安全标准主要被用于保护通过API传输的信息，从而保护客户数据的隐私，涵盖身份认证、授权、加密三块内容。

四是提出了关于治理模式的建议，以确保API使用的一致性、有效性、安全性。该治理模式由上至下分为四部分：API治理框架、API治理参考架构、API生命周期治理、API风险治理。

（二）澳大利亚

2018年5月，澳大利亚政府宣布同意此前由金杜律师事务所（King & Wood Mallesons，KWM）撰写的《开放银行调查建议》（*Review into Open Banking*）中的观点，同意构建"消费者数据权利保护法"并将其适用于开放银行，这代表开放银行监管基础正式形成。

澳大利亚的监管环境完善但也复杂，监管体系中四个关键机构负责制定管理澳大利亚开放银行业的新框架：财政部负责牵头与推动工作；澳大利亚竞争与消费者委员会（Australian Competition and Consumer Commission，ACCC）基于《竞争与消费者法令（2010）》与《隐私法案》来创建并完善《消费者数据权利法案》（Consumer Data Right，CDR），赋予个人对数据更大的控制权，消费者可以有选择地与经认证的可信第三方共享数据，该法案已于2019年8月由澳大利亚参议院通过；澳大利亚信息专员办公室（Office of the Australian Information Commissioner，OAIC）与ACCC以及其他监管机构协作，一并商议并决定开放银行与消费者数据权益的具体规则，规则涵盖数据隐私、消费者权益等；Data61中心[隶属于英联邦科学与工业研究组织（CSIRO）]通过咨询制定行业技术标准，负责与开放银行监管部门一同制定涵盖数据、传输与安全范围的统一标准。

在实施方面，澳大利亚也采取了分阶段实施的政策。从2019年7月开始，澳大利亚主要银行被要求提供有关信用卡、借记卡、存款和交易账户数据，抵押贷款数据则要在2020年2月1日起开放。而从2020年7月1日起，所有《开放银行调查建议》中提及的产品数据都要实现开放。其他规模较小的银行在落实数据保护法规方面，可以享受比大型银行机构晚一年的宽限时间。具体的监管工作将由OAIC和ACCC共同负责。

但此项政策在实施过程中也遇到了困难，2019年底，ACCC表示，由于"技术问题"导致政府对网络安全环境表示担忧，因此澳大利亚开放银行改革将延迟6个月进行。

此外，澳大利亚《消费者数据权利法案》修订后的生效日期也从2020年2月推迟到了2020年7月。这意味着，澳大利亚金融科技平台或数字银行要等待至少6个月才能获得银行用户合法分享并授权的数据。

三、中国开放银行监管现状

（一）中国内地

目前，我国尚无统一的开放银行监管框架，但相关行业标准正在逐步推出。在开放银行理念出现并不断发展的过程中，我国监管层对开放银行这一模式一直保持关注。随着我国商业银行开始进行开放 API/SDK 等业务模式的探索，我国监管层对开放银行的制度构建也在加速推进过程中。

从标准建设角度看，2020 年 2 月，人民银行正式发布了《个人金融信息保护技术规范》（以下简称《信息保护技术规范》）和《商业银行应用程序接口安全管理规范》（以下简称《接口安全管理规范》）两个推荐性行业标准。这些法律法规、行业标准为在监管方面的探索奠定了一定基础。其中，《信息保护技术规范》的适用主体包括金融机构和获取金融信息的非金融机构；将个人金融信息按敏感程度、泄露后造成的危害程度进行了分类，并规定了个人金融信息在收集、传输、存储、使用、删除、销毁等生命周期各个环节的安全防护要求，从安全技术和安全管理两个方面，对个人金融信息保护提出了规范性要求。明确了以"权责一致、目的明确、选择同意、最少够用、公开透明、确保安全、主体参与"为安全基本原则，有助于规范金融业机构个人金融信息保护工作，提升金融数据风险防控能力，促进我国金融市场的健康发展。《接口安全管理规范》明确了用户、应用方、银行三方在商业银行应用程序接口服务中的角色与责任，规定了商业银行应用程序接口的类型与安全级别、安全设计、安全部署、安全集成、安全运维、服务终止与系统下线、安全管理等安全技术与安全保障要求。同时，还通过规范性附录的形式，对接口统一识别码的编码规则进行了明确，并要求在相关平台进行统一注册。

从法律建设角度看，针对个人数据保护、共享的相关法律法规在不断完善。2017年6月1日实施的《中华人民共和国网络安全法》对个人信息的收集、使用等作出了相关规定，明确履行个人信息保护的责任主体义务，系统性定义了个人信息保护的要求，同时兼顾个人信息应用方面的鼓励创新和个人信息的合理保护。2019年5月，国家互联网信息办公室发布的《数据安全管理办法（征求意见稿）》明确了个人信息和重要数据的收集、处理使用和安全监督管理的相关标准。同时，在2019年4月人民银行公布的2019年规章制定工作计划中，"个人金融信息（数据）保护试行办法"已经提上议程。

从监管层趋势来看，2018年12月，人民银行科技司领导在互联网金融论坛上表示，开放银行构建了全新的事态体系，可以将金融服务无缝迁入实体经济各领域；同时开放银行推动金融服务渗透到日常生活各个方面，提升金融服务效能。但开放银行也使金融业务中风险敞口增加，在未来监管体系构建过程中，将注意顶层设计构建，坚持标准先行，强化风险管理，注意提升监管科技水平。

2019年8月，人民银行发布《金融科技（FinTech）发展规划（2019—2021年）》，其中第三章"重点任务"部分明确提到，借助应用程序接口（API）、软件开发工具包（SDK）等手段深化跨界合作，在依法合规前提下将金融业务整合解构和模块封装，支持合作方在不同应用场景中自行组合与应用，借助各行业优质渠道资源打造新型商业范式，实现资源最大化利用，构建开放、合作、共赢的金融服务生态体系。API 和 SDK 正是目前市场上商业银行推动开放银行发展的具体实现形式，人民银行在该规划中明确这两种方法为"拓宽金融服务渠道"和"提升金融服务质量"，是对开放银行模式的认可。

虽然我国暂时仍无具体监管细则落地，但通过监管层的公开表述、相关规范的制定情况以及相关的行业标准来看，我国监管机构比较支持在金融稳定框架内推动金融服务渠道拓展和金融服务质量提升。在具体监管设计中，我国监管层比较重视顶层制度设计，并且已有一定的研究积累，对国际上现存关于开放银行的制度设计已有一定的分析和鉴别。

（二）香港

由于香港地域面积比较小，本地客户群体比较少，并且原金融业态比较丰富，市场对开放银行没有迫切需求。所以，香港的开放银行发展一直保持审慎监管和观察态势。在开放银行领域，起步较晚。

2017 年 9 月，香港金融管理局（the Hong Kong Monetary Authority，HKMA）宣布了七项行动，帮助香港迎接银行和科技融合的 "Smart Banking" 时代，Open API 行动是其中之一。

2018 年，HKMA 先后发布《香港银行业 Open API 框架咨询文件》（Consultation Paper on Open API Framework for the Hong Kong Banking Sector）与《香港银行业 Open API 框架》（Open API Framework for the Hong Kong Banking Sector，《香港 API 框架》）。其中，《香港 API 框架》包含了对咨询文件的必要修改。

一是设立指导性原则：包括业务有序推进、视香港地区 Open

APIs 业务推进情况采纳或采取必要管控措施、不干预政策、高级 Open API 功能优先确认、国际或行业惯例的运用五大原则。

二是明确 Open API 的分类和分阶段部署：在优先考虑内容、前景、风险的情况下，将 Open API 划分为产品与服务信息、产品与服务的订阅与申请、账户信息、交易 4 个类型。在部署时间表上，考虑到技术成熟度的问题，HKMA 采取了逐步开放的策略（见表 3-1）。

表 3-1 Open API 部署时间

阶段	开放API种类	例子	推出时间
1	产品与服务信息	存款利率、信用卡优惠、收费等公开资讯	2019年1月底
2	产品/服务的订阅与新应用	申请信用卡、贷款产品等	2019年10月底
3	读取或更改账户资讯	账户结余、信用卡结欠、账户交易记录、更改信用额等	在2020年内公布一套技术标准，其后制定具体的实施时间表
4	进行交易	付款及转账	

三是在架构、安全与数据标准方面作出明确：HKMA 认为中国香港为推进金融建设，对英国、新加坡已经在架构、安全等方面达成的行业共识性内容可以直接借鉴采用。

四是提出三种类型的治理模式：HKMA 在借鉴其他国家和地区监管政策的基础上，充分考虑了香港的业务情况，提出了双边模式、中央实体模式、基于一定基准的双边模式三种治理模式，并建议初期采纳相对灵活的双边模式，待开放银行业务逐渐成熟后，再考虑建立中央机构统一的管辖。如若能够得到银行业的充分支持，HKMA 也可以考虑第三种模式，与各个银行一同制定基准条例。

此外，HKMA 发放"虚拟银行"牌照是香港开放银行发展的一个标志性事件。2019年3月27日，香港金管局发出首批3张虚拟银行牌照，标志着香港开放银行的监管制度迈出一大步。截至2019年7月末，香港已发放8张虚拟银行牌照，牌照持有人信息如表3-2所示。

表3-2　香港虚拟银行牌照信息

批次	持牌公司	股东方	获批时间
第一批	Livi VB Limited	中银香港、京东数科、怡和集团	2019年3月27日
第一批	SC Digital Solutions Limited	渣打银行、电讯盈科、香港电讯、携程金融	2019年3月28日
第一批	众安在线虚拟金融公司	众安国际	2019年3月29日
第二批	Welab Digital Limited	好来贷	2019年4月10日
第三批	蚂蚁商家服务（香港）有限公司	蚂蚁金服	2019年5月9日
第三批	恒丰有限公司	腾讯控股、工银亚洲、港交所、高瓴资本	2019年5月9日
第三批	洞见金融科技	小米、尚乘集团	2019年5月9日
第三批	平安壹账通有限公司	平安集团	2019年5月9日

四、我国开放银行建设的相关建议

咨询机构埃森哲发布的一项调查显示[①]，全球90%的大型银行计划为其客户提供开放式银行服务，银行业正朝着银行服务无处不在的方向发展，Bank4.0时代即将到来。同时，构建开放银行有助于提高金融服务实体经济、服务科技创新的效能。为了促进开放银行能够在我国健康发展，推动我国各类商业银行以适合的方式开展开放银行业务，提高消费者对金融服务的满意度和获

---

① Accenture Open Banking Businesses Survey 2018.

得感，课题组从市场配套、银行机构发展与监管政策三个方面对我国开放银行未开发展提出了相应的建议。

（一）市场配套建议

开放银行的商业模式依托对信息技术的应用，改变了银行机构和各类市场参与主体的合作方式与深度，为客户提供了更便捷的金融服务体验，但也给消费者权益保护带来了一定挑战。充分发挥开放银行的潜在价值，同时保护金融消费者的合法权益，离不开市场的配套支持。

1. 加强对金融消费者的宣传教育

随着互联网金融的发展，金融产品的销售不再受固定场所的约束，并且消费者已经逐渐接受了这种改变并形成了习惯。在开放银行模式下，金融产品的购买会内嵌到非金融场景中，金融产品的销售形式、销售场景更加多样、更加泛化，金融消费和非金融消费的边界会也更加淡化。在新形势下要加强教育与宣传，引导消费者对新的金融产品与销售模式有正确的认识。金融产品具有一定的专业性，金融教育各方应当结合数字金融服务的特征，做好对消费者的宣传教育工作。综合考虑区域经济差异、年龄差异、收入水平差异等因素，提供差异化教育方案。增强消费者在开放银行模式下，对各类金融产品、金融服务及相应风险的识别能力。

2. 充分发挥大数据基础设施建设的潜能

自2015年国务院印发《促进大数据发展行动纲要》以来，各省市陆续成立大数据局等机构，推动国家大数据战略落地。近期，我国正在大力推动新型基础设施建设工作，其中大数据中心是重要内容之一，大数据基础设施建设正在加速。

开放银行作为数据经济时代下新的商业模式，核心要素仍然是"数据"，其健康有序发展离不开大数据基础设施的有效支持。相关部门在推动政府数据资源共享开放等大数据战略落地的工作过程中，应当统筹考虑基础设施对上层应用的支持，探索建立可行的数据开放共享机制，为上层各类基于数据开放的商业模式提供支持。例如，新加坡的政府信息公开服务。

3. 深入推动社会信用体系建设

信用是市场经济活动的一项基本准则，是现代法治社会的一项基本规则，正如2014年出台的《社会信用体系建设规划纲要（2014—2020年）》中提到的，"社会信用体系是社会主义市场经济体制和社会治理体制的重要组成部分"。随着我国经济的不断发展，以信用作为基础的金融交易活动逐渐成为趋势，社会信用体系建设在分散风险、促进经济健康发展方面发挥越来越重要的作用。

开放银行的健康发展离不开社会信用体系的有力支持。一方面，开放银行模式意味着银行要与外部第三方公司开展深入合作，合作方的资质和信用等级对业务风险有着重要影响；另一方面，开放银行提供服务的对象，不再局限于在银行开立账户的客户，更多的是场景方的用户。完善的社会信用体系能够将分散在社会各个角落的信用数据进行归集，构建相对完备的企业、个人信用画像，有助于开放银行的健康发展。在推动社会信用体系建设的过程中，既要积极探索在依法合规、保障各方权利的前提下，构建高效的信用信息共享机制，为市场经济活动提供支持、降低相关风险；又要加强对各类信用数据的归集，通过分级分类的方式，将信用主体在各类场景中的生产、消费、行为等数据纳入信用体系建设过程，构建更加完善的社会信用体系。

（二）银行机构发展建议

尽管目前开放银行的发展仍属于初级阶段，在开放功能、监管政策、安全隐私等方面尚存在待解决的问题，但这一模式的出现是商业银行实现信息化之后的必然逻辑。在推进开放银行业务的过程中，银行可以考虑从以下几方面提前布局、充分准备、积极探索。

1. 建立开放的企业文化与价值观

在数字经济时代，商业银行是重要的金融服务提供商，开放银行不是参照银行自有渠道来开发的，而是为了适应整个互联网金融生态而设计的。开放银行通过向第三方合作伙伴开放产品与数据，间接服务银行客户，为客户提供无感化的金融服务。这与通过银行渠道进行销售的经营模式具备同等但有差别的价值，同时，这也是开放银行看待业务的价值观。要成功实现向开放银行转型，银行各部门/条线之间应当破除固有的壁垒，为实现产品和数据的解构与整合提供体制机制保障。在搭建平台、融入场景、获客引流等整个开放银行价值链的各环节需要树立互联网思维和合作共赢的开放心态，深入把握商业生态演进趋势和规律，放弃对产品价值链的完整性、分销渠道自主性的过度关注，以及对自建平台、自有生态和商业场景的过度依赖，真正以客户为中心，从客户需求痛点出发，重视数字化能力的培育和客户、数据、场景等核心资产的积累，在生态合作共赢中实现自己的价值。

2. 对产品和数据进行开放性改造

产品与数据是开放的内容，做好产品与数据的改造，是银行开放的基础。产品的改造包括产品解构与整合。前者是将现有的产品拆解成多个功能模块，实现模块化、组件化之后通过API等方式对外开放，以便合作方能够以搭积木的方式进行产品创新，激发开放银行的活力；后者是指对现有产品进行组合，实现对常见的、标准化的功能进行打包输出，以提高开放效率。数据的改造包括数据的整合和数据的分类治理。数据整合是指对分散在各条线、各系统中的，相互隔离的数据进行连接整合，从而保证开放银行平台对外提供的数据的可靠性和一致性。数据分类治理是为了满足数据共享的需求，开放数据并不是开放所有数据，对金融数据进行分类与脱敏是后续开放权限划分和金融数据差异化安全管控的基础。

3. 探索适合的开放银行平台建设模式

开放银行平台是连接银行和第三方合作机构的技术平台，是开放银行实施的路径。各家银行应当根据自身特点探索合适的平台建设模式。对于主导意愿强、技术实力雄厚的大型银行，可以采用自建模式，以便能够更好地保障产品服务与业务场景的融合，形成自己独特的竞争优势。对于资金实力较强、具备良好管理和创新融合机制的银行，可以采用股权投资、兼并收购等方式来发展开放银行，从而快速获得开放的能力。对于资本实力和技术实力有限的小型银行，可以与其他银行、非银金融机构、金融科技公司等参与者合作共建开放银行平台，这种方式无须投入大量的时间和资源，执行快、灵活性强。

4. 为有效管控风险做好准备

银行是经营风险的场所，开放银行会使业务风险敞口更多、更复杂。一方面，传统风险的管理难度会随着开放银行的发展而提高，例如贷后管理需要第三方合作机构的全力配合；另一方面，运用API、SDK等新型技术将使银行面临更多新型的非金融风险，如网络安全隐患、合作方欺诈等。此外，开放银行的深入发展必然给数据隐私保护带来挑战，这就要求银行建立一整套事前授权、事中跟踪、事后补救的数据安全防控机制。同时，需要制定紧急补救措施和追责制度，以确保数据交互可追溯。

5. 加强开放金融科技应用

人工智能、大数据、互联技术、分布式技术、安全技术等五大关键数字化技术在金融领域的应用，是银行向数字化转型、迈入开放银行时代的核心驱动力。加强对金融科技技术应用的研究，建立从实验室研究、创意孵化到成熟应用模式推广全链条的工作机制，形成与场景生态高度融合的创新型金融产品与服务模式，扩大市场影响力。

持续关注金融科技前沿底层技术和颠覆性技术的创新动态，提前研究和布局，尤其是技术成熟度较高、即将步入商用技术的5G、虚拟现实、人机交互等新技术。同时加强与互联网科技头部平台的开放合作，通过不断学习和借鉴金融科技企业的文化和思维，提升金融机构自身科技应用的核心能力，推动科技资源的整合和科技能力的输出，在输出中积累资源、提升能力、培养人才，形成金融业务与科技融合创新的差异化竞争优势。

（三）监管政策建议

目前，国内银行对开放银行业务较为谨慎，开放主要集中在面向场景开放产品与服务，总体开放程度较低，并未涉及开放银行的核心——数据开放，从而未能发挥数据价值，激发创新活力。参考海外数据开放的背景，不难发现，数据开放需要监管机构的有效引导及完善的法律支撑。开放银行的进一步发展也离不开监管支持与引导。

1. 开展对数据开放的前瞻性研究

尽管从我国目前的情况来看，开放银行涉及的数据开放可能言之尚早，但从长远趋势分析，随着公民受教育水平的不断提高、金融市场日趋成熟、相关法律法规的不断完善，个人金融消费信息的开放很有可能是未来的主要发展方向。应当对数据开放开展前瞻性研究，探索数据开放中应当关注的重点问题，为数据开放做好相应准备。

一是研究数据权属的界定。数据权属界定是数据开放共享的首要前提。目前，我国数据共享在法律层面存在数据权属不明的掣肘。欧盟通过 GDPR 和 PSD2 明确了个人可以从数据控制者处转移数据，以及用户对账户信息的控制权，为开放银行发展提供了法律依据。要推动开放银行向以开放数据为核心的方向发展，需要对数据的权属进行明确，赋予用户在金融机构、金融科技公司之间对特定数据进行交换和共享的选择权。

二是研究对数据的分类管理。数据分类是后续开放权限划分和金融数据差异化安全管理的基础。要权衡好对个人隐私保护与数据开放之间的平衡，通过对数据进行分类，对不同类型的数据采取不同的控制手段。对于涉及个人隐私，一旦泄露容易危害人身安全或财产安全的数据，要明确可开放的数据范围及用途、数据开放的告知机制及频率、数据开放的授权机制、数据开放后的保存方式及期限、违规违约使用数据后的中止和惩罚机制等。对于敏感信息以外的，可以适当采取宽松的授权方式。

三是研究数据开放授权的相关要点。数据开放应当以取得消费者授权为原则。在数据共享的过程中，要确保消费者对授权内容充分知晓，包括但不限于被授权的主体、数据内容、使用目的及数据保存时间等，并遵循"用户对数据的控制权""最小必要性"

等原则,确保数据共享在用户授权和知晓下有序进行。

四是研究数据安全管理的统一标准。数据安全管理是数据开放的重要保障。在消费者数据保护方面,不同行业之间面临的监管力度不同,金融行业对个人数据的保护更为严格,而在消费、物流等行业,个人数据泄露的事件时有发生。在数据安全标准不统一的情况下,很难保证个人金融数据在开放给第三方合作伙伴后的安全性。因此,需要建立面向开放银行各方参与者统一的数据安全管理标准。

2. 推动研究统一监管框架

我国的开放银行监管面临差异化的市场环境,一方面,金融机构在市场上并不占据绝对的优势地位,部分金融科技公司在金融服务领域积极探索并产生了显著的影响;另一方面,各家银行积极参与开放银行建设,部分银行已经形成了适合自身的发展模式。因此,在研究构建监管框架时,既要发挥一定的行业指导作用,又要防止对已有的市场逻辑产生不利影响。

一是探索适合我国的监管模式。从各国(地区)的实践来看,在监管模式方面,主要有监管强制推动的模式、法律保障促进自由发展的模式、设定指导性原则引导发展的模式。这三种模式的出现主要归因于各地区在金融市场成熟度、法律完善程度、市场发展情况等方面的差异。由于我国部分银行已经开始探索实践开放银行这一业务模式,同时考虑到金融市场成熟度、相关法律法规、金融创新及发展约束方面的差异性,可以采取引导、助推式的监管模式。在该监管模式下,不要求银行或金融机构必须采用特定行为模式发展开放银行,也不制订强制执行的时间计划表。但它也不完全是放任性或倡导性的,监管机构通过提供程序上、组织上以及能力上的规范,采取默认机制、劝说性和咨询性的战略，促成不同主体的自我组织和自我规制，从而在推动开放银行发展的同时，避免破坏市场已有的内在逻辑。

二是明确被监管主体。尽管开放银行概念起源于英国，出于政府推动金融创新和提升客户体验的目的，但我国数字金融市场格局与英国具有较大差异，一方面金融科技公司在经营过程中积累了大量的包括支付、消费、投资等各类型的数据，另一方面这些科技公司本身具有互联网企业开放共享的发展理念，在开放发展方面是先行者。开放银行的根本目的在于提升金融资源分配效率，促进金融数字化转型，实现金融服务的个性化与普惠化，而非单方面支持银行机构或金融科技公司的发展。因此，在监管过程中，不应对任何一方给予歧视性待遇，不应强制一方向另一方开放业务、数据和账户。建立适合我国的监管框架，需要将金融科技公司纳入监管范畴，平等对待相关主体。同时，还应考虑金融产品和服务的相关特性，确保对同类产品与服务适用统一的监管标准，避免监管套利。

三是建立完善的监管指引内容。在现有的法律法规的基础上，结合我国开放银行发展特点，不断建立和完善监管指引内容。要充分考虑业务差异、机构规模差异、地区差异、接入场景差异等因素，分类建立详细的监管指引、风险控制措施。同时，应建立明确的争议解决机制、问责机制和事后补救措施，明确参与各方的权利与义务，充分保障金融消费者权利，从而引导行业健康发展。

四是研究发展监管科技。开放银行是金融与科技结合的产物，在这一模式下，金融交易的交互性不断增强，实时性不断凸显，交易规模呈爆发式增长，特别是其跨行业，跨市场的特性，使金融风险的复杂性进一步提高。可以通过与金融科技公司合作，对建立统一的开放银行监管平台进行前瞻性研究，尝试通过人工智能、大数据等技术手段对开放银行的关键环节进行统一、实时监督，实现相关风险早发现和早化解。

3. 推动研究行业相关标准

在我国，各家银行在发展开放银行业务的过程中已经建立了各自的相关标准，但监管机构和行业自律组织尚未发布较为全面、统一的行业标准。相关行业自律组织、标准委员会应当加快对相关标准的研究，促进业务有序发展，提升安全防护水平，防范相关风险的发生。

一是研究完善 API 标准。各家银行、金融科技公司对数据的存储、传输、保护都有各自的一套标准，对开放 API 的标准也不尽相同。因此，API 统一标准的缺失给数据共享带来了不便，给安全机制的制定增加了难度，从而不利于开放银行稳健高效发展。2020 年 2 月发布的《商业银行应用程序接口安全管理规范》对 API 标准进行了初步明确，但主要侧重于"保护"和"安全"，在"开放"和"执行"方面，还需要更明确的标准和指引落地。建议通过调动学术界、金融科技公司、银行机构等多方力量共同参与，做好我国统一标准的制定。在 API 的标准、共享数据的格式标准、安全机制标准等方面，形成行业统一安排。

二是推动研究安全管控标准。开放银行促进了相关数据在不同机构之间进行共享流通，只有在各参与方都具备了相应的风险防控能力时，才能保障信息安全。因而，需要在数据加密传输、身份认证、客户授权、硬件安全、内部合规机制等方面，建立一套统一的安全管控标准，包括但不限于：对信息系统等级保护标准、内外部安全监测和检查频率等制定适合的要求；要求参与方构建符合特定标准的信息安全管理系统；成立必要的部门对企业信息系统进行监控、评估与保护；对所有参与者及其所提供的服务，由指定的机构进行严格的应用程序及安全测试；采用联邦学习等多方安全计算技术对数据进行处理以实现数据隐私保护。

三是推动研究合作者准入标准。第三方合作机构是开放银行模式下业务风险的重要来源，如果不对合作方的资质进行严格要求和管控，容易造成相关风险的大范围传导。建议根据第三方合作机构的业务类型、业务规模、技术能力等，研究制定差异化的准入标准和统一的合作接入流程，规范开放银行业务开展的市场环境。同时，可以参考英国的做法，通过建立开放银行目录或采用备案的形式，对包括第三方合作方在内的开放银行参与者进行统一管理。

第四章 开放银行的技术与架构

以人工智能、云计算、区块链、大数据等为代表的技术进步，催生了一批金融新业态、新生态，使金融服务更加智慧地融入日常生活，银行从一个场所变成适时而在的服务。一方面，技术的进步势必为开放银行的进一步发展壮大提供保障；另一方面，想要技术能够全面、快捷地运用到开放银行的各个场景中，想要场景能够更加丰富，满足客户的多样化需求，想要业务与技术更好地融合，势必需要完善的体系架构做保障。本章将从开放银行的技术架构方面阐述开放银行的关键技术，从体系架构方面阐述如何为开放银行提供充满生机的土壤，如何保障开放银行的建设活力，并结合三大类银行开放银行体系架构的典型案例进行解读。

一、开放银行的关键技术体系

（一）开放银行的技术架构

从银行业发展趋势来看，随着银行业务的持续演进和 IT 技术的不断进步，银行业 IT 技术整体架构也一直在演变发展。社会经济的数字化迅猛发展，倒逼银行业加快数字化进程，以便更好地提供金融服务。开放银行是商业银行数字化后快速服务金融消费者的重要途经。为了满足数字化时代网络服务的大流量、高并发、定制化的需求，商业银行的开放银行技术架构逐步走上了分布式微服务的道路。现阶段，开放银行的技术架构从最初的强调分布式、去中心、模块化，进化到注重云服务和异构化的分布式微服务的服务网格。展望未来，开放银行的分布式微服务系统建设，将能够解决商业银行整体IT系统横向扩展的发展需求，以应对海量用户和海量交易处理的系统要求。

1. 开放银行整体技术架构

传统的商业银行IT系统，通常集合了多种业务功能，统一部署、统一管理。这就导致了面对各类不同的定制化业务需求时，需要重新开发新的系统，传统的系统架构难以实现多样化服务的治理要求，开发的系统难以复用。采用分布式微服务的系统架构，可以实现数据层、基础设施层、应用服务层等不同层级各类型服务的共享复用，实现快速迭代开发。分布式微服务系统架构可以实现服务功能的分布式、微型化部署，极大地提高了系统部署的灵活性和服务组件的可复用性。

开放银行技术架构的分布式功能包括：分布式数据库访问，分库分表，读写分离；分布式事务，基于可靠消息的最终一致性，保证数据库可靠运行；分布式服务框架与服务管控以及分布式批量作业调度。另外，还有分布式配置管理、消息中心、分布式缓存，全局系列的核心功能等。分布式的技术架构包括数据库的分布式和应用的分布式，为了保证核心平台系统的可靠运行和快捷部署，在数据库和应用两个层面上都实现分布式部署。在分布式数据库上，数据库层实现分库分表的数据水平扩展能力，然后建立分布式运维基础能力，支持分布式应用的持续集成和部署。在分布式应用上，服务接入层实现服务路由及管控能力，支持服务与数据单元化部署，分布式服务层建立分布式服务框架，集成

第四章 开放银行的技术与架构

分布式消息及批处理框架能力。

开放银行技术架构的微服务能力是将系统功能进行逻辑分拆，形成独立模块，并匹配独立数据库，彼此间保持松耦合，并能够通过点对点完成整个系统的集成。其优势是支持组织级的高效协作、支持弹性伸缩和自动化部署、支持分布式去中心和模块化灵活组合、遵循面局服务架构（Service Oriented Architecture，SOA）理念，强调高内聚、松耦合，实现技术和业务分离。

开放银行的技术架构采用分布式微服务架构，需要开发运维团队具备足够的敏捷开发能力。在分布式微服务系统的建设和改造过程中，一个系统拆分之后可能变成十几个模块，每个模块需要集群化部署，整个管理会变得异常复杂。运维难度大，加上异构系统的存在，就要求敏捷化专业队伍构建 DevOps 体系，并在此基础上建设一个分布式技术平台（见图 4-1）。

综上所述，开放银行的技术架构可以总结为分布式微服务系统，并配备 DevOps 体系。

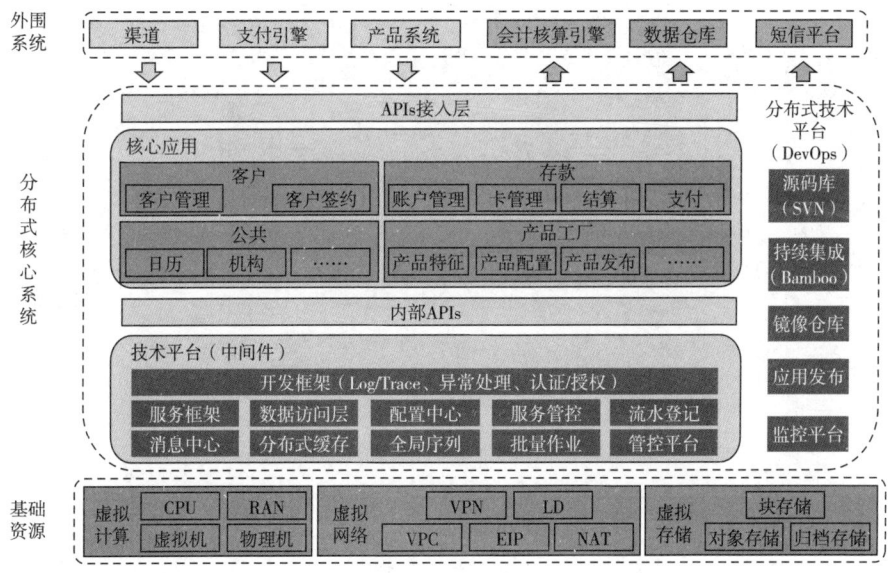

图4-1 开放银行分布式微服务架构示意

2. 开放银行API治理平台

开放银行技术架构在实施过程中，通常会有核心系统内部不同部门和业务流程间的内部API开发与维护需求，还会有对外提供服务的外部API开发与维护需求，这就要求建立一个安全、合规、完善的API治理体系。

在该体系中，参与方主要包括金融服务提供者、API开发（使用）者、开放平台建立与维护者。金融服务提供者主要通过API提供各类金融服务；API开发（使用）者通过开发或申请API接口，为自身的客户提供相关金融服务；API开放平台则提供门户网站建设、API治理、API网关管理、API监控及认证授权等工作（见图4-2）。参与方根据其技术实力，会选择不同的模式建设维护开放平台，如大型商业银行，通常会承担开放平台的建设与维护角色；而对于中小型银行而言，一般会加入第三方建设的开放平台，以减少自身IT维护的成本和压力。

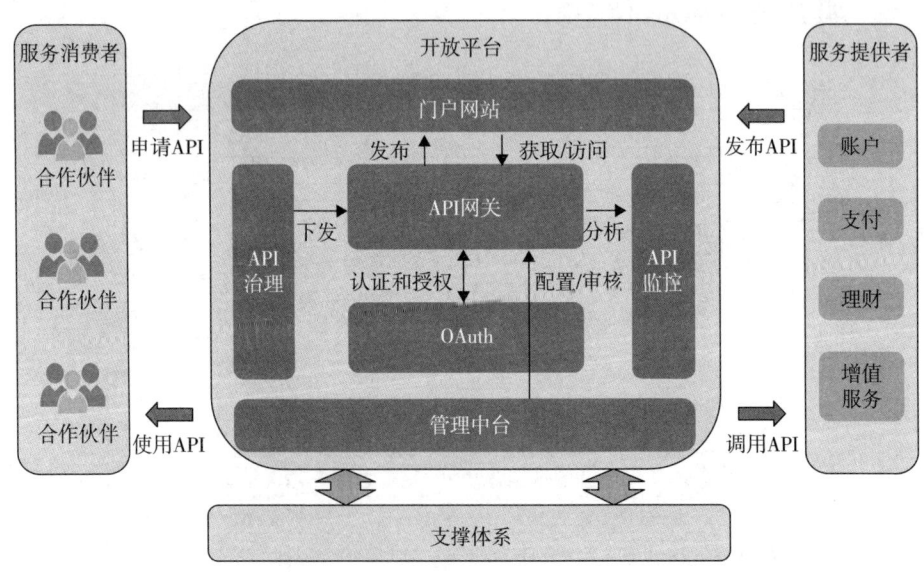

图4-2　开放银行API治理平台示意

在开放银行 API 治理平台中,通过管理平台审核并配置相关权限,API 开发(使用者)在获得认证和授权后,方可调用 API。API 治理机构负责下发治理规则和相关需求;API 监控机构则负责分析 API 调用情况,统计 API 使用效率、及时发现风险。核心系统及周边体系提供体系服务支撑,开发者开发并发布相关服务,通过审核后上线,消费者调用相关 API。

认证授权管理是 API 治理中的关键,而 OAuth 作为授权服务(authorization)的开放网络标准,在全世界得到广泛应用,目前发展到 2.0 版,其基本原理是 OAuth 在"客户端"与"服务提供商"之间设置一个授权层(authorization layer)。"客户端"不能直接登录"服务提供商",所有的令牌(token)与用户的密码不同,只能登录授权层,以此将用户与客户端区分开来。用户可以在登录的时候,指定授权层令牌的权限范围和有效期。"客户端"登录授权层以后,"服务提供商"根据令牌的权限范围和有效期,向"客户端"开放用户储存的资料。OAuth 2.0 定义了四种授权方式:授权码模式适用于第三方 Web 服务器端应用与第三方原生 App;简化模式适用于第三方单页面应用;密码模式适用于第三方单页面应用与第三方原生 App;客户端模式,适用于无用户直接参与的,完全信任的服务器端服务。

中国人民银行于 2020 年 2 月 13 日发布了《商业银行应用程序接口安全管理规范》(JR/T 0815—2020)(以下简称《规范》)。《规范》的推出,对开放银行的 API 平台治理具有重要的指导意义,从各商业银行自身来讲,能够结合自身情况建设标准化程度高和安全性更强的开放 API 平台。

《规范》要求商业银行需要对申请接入的应用方进行准入审核,如服务客群、服务场景、市场份额、运营能力、风控能力等。

同时,《规范》要求不应通过开放应用程序接口的方式变相开展跨机构清算业务。《规范》的重点内容如表4-1所示。

表4-1 《商业银行应用程序接口安全管理规范》重点内容

规范要点	主要内容
标准要求范围	商业银行使用的API类型主要分为内部API、企业定制API与外部API三种类型。其中,外部API接口主要指提供给外部合作伙伴的通用标准API接口,这类接口能够更加深入、广泛地向外部合作者提供服务,《规范》主要要求的API为银行外部API接口
不同接口类型使用场景说明	从集成方式上来看,API主要分为服务端对服务端、移动终端对服务端: 在服务端对服务端的数据交换模式下,主要实现形式为应用方服务器直接调用银行接口,以及应用方在服务端使用银行提供的SDK间接调用银行应用程序接口; 在移动终端对服务端的模式下,所采取的实现形式也主要分为应用方移动客户端直接调用银行接口及应用方在移动终端中使用银行提供的SDK间接调用银行接口两种。 对于H5的接入集成方式,《规范》明确,如果应用方的移动应用仅采用H5形式集成链接,不单独将其列为商业银行应用程序接口的一种类型
安全强度划分要求	首次明确提出对API接口实行A1、A2两级安全级别划分,对于资金交易与账户信息查询应用类,执行A2等级的安全保护强度;对于金融产品和服务信息查询应用类,执行A1等级的安全保护强度
全生命周期安全要求	《规范》从安全设计、安全部署、安全集成、安全运维、服务终止与系统下线、安全管理等API全生命周期的各个环节对银行对外API建设提出了明确的要求

3. 开放银行核心系统的部署

开放银行核心系统的部署可以采用异地多集群的部署形式,多集群同时对外提供服务;核心账务数据按照客户号进行逻辑分区,每个集群包含多个逻辑分区,逻辑分区之间相互隔离;外部交易请求通过全局路由技术组件,根据路由规则路由到相应的集群和相应的逻辑分区。

这种方式改变了同城机房传统上只作为热备而不对外提供服务的使用方式,有效提升了机房资源利用率;同时,可以在高峰时段多机房分别服务不同的客户,在机房出现故障时能够缩小客户影响范围;多集群之间实现秒级切换,更有效地保障业务连续性。分布式核心系统双活部署架构如图4-3所示。

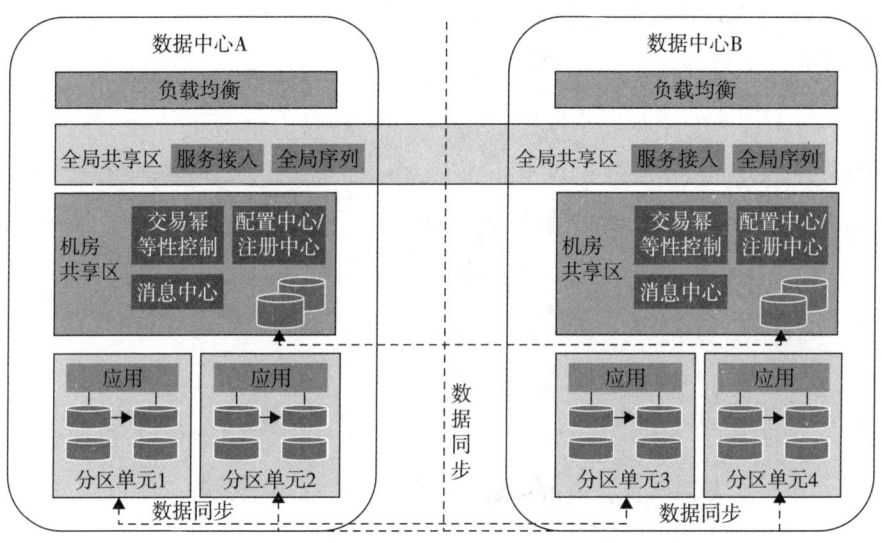

图4-3 开放银行双机房分布式服务双活示意

在部分集群失效的极端情况下,可以采用类似网商银行OceanBase分布式关系型数据库的决策机制。OceanBase通常由分布于多个机房的完整数据集群组成,其中一个集群作为主库对外提供读写服务,其余集群作为备库,主要用于接收主库事务日志和回放日志。当主库发生故障时,剩下的集群立刻自动发起投票选举,选出新的主库,新主库从其他集群获得可能存在的最新事务日志并回放,完成后对外提供服务。故障切换过程可以实现秒级完成,极大降低了机房容灾复杂度。

(二)开放银行的技术展望

开放API是开放银行的核心技术。开放银行三种开放API的建设模式（自建、投资、合作＆联盟）均离不开金融科技的支持。目前许多创新业务是由金融科技公司率先发起，经过与商业银行的不断合作，实践、落地逐渐发展成熟，成为一个新的商业模式。其中，ABCDI 技术［A：人工智能（Artificial Intelligence），B：区块链（Blockchain），C：云计算（Cloud Computing），D：大数据（Data），I：物联网（Iot）］是当前开放银行领域最有力的金融科技组合拳，能够高效地将商业银行所提供的标准化产品扩展到定制化服务，推动银行走出"产品中心"和"渠道中心"的发展阶段，进入可以随时随地满足客户不同需求的"客户中心"的开放新时代。

1. 人工智能

人工智能技术在 KYC、精准营销、智能风控等方向的应用，从多个领域全方位赋能开放银行。此外，针对数据孤岛和数据安全问题，"联邦学习"的概念得到了银行的重视并开展了相关研究。

一是人工智能领域的生物识别技术能够有效提升开放银行下的 KYC 便捷性与安全性，在安全性与便捷性中找到一个最优平衡点，为银行服务提供足够的安全保障和优秀的用户体验。其中指纹认证已被广泛应用，人脸识别在近年也迎来爆发式增长，虹膜、静脉、声纹识别技术虽然依旧小众，但在特定场景下拥有独一无二的应用优势。未来，随着开放银行业务与场景的深度融合，不同场景下的环境特征与用户需求将得到深度挖掘，具有针对性的多模态生物识别技术将会把便捷性与安全性的组合推向新的高度。

二是人工智能的应用能有效提高营销的准确度。开放银行具有以客户为导向的模式，因此全面认知用户、通过科技为用户提供定制化的服务显得尤为重要。

基于人工智能的精准营销技术可通过社交平台、电商平台、运营商、互联网金融平台、征信中心等多方渠道获取用户的行为和信用数据，将碎片化的多维度信息生成标签，为用户进行精确画像，分析如3C、教育、医疗、出行等不同消费场景下用户的偏好并精准识别其需求，为用户提供定制化的银行产品和服务。精准营销技术能够突破传统银行营销方式的局限性，高效精确地对不同场景下的不同客户群体开展营销，更适合开放银行多场景、个性化的特征，可有效提高银行营销的转化率。

三是智能风控的应用使风险管理更加入微。金融的核心在于风险控制。在未来，开放银行业务将与大量线上、线下的复杂化场景深度融合，拉长银行业务链条，在一定程度上将导致更高的风险。此外，开放银行将深入触达大量此前未能享受完善金融服务的"毛细血管"——小微群体，他们中很多是从未与金融机构发生借贷关系的人群，其征信记录就如同一张"白纸"，利用技术评估其风险并给予合适的额度也是实现金融普惠的关键一环。

银行位于整套业务体系的底层，而消费者是从场景端直接获取银行产品和服务，因此在银行端进行风控之前还需要在场景端完成前置风控的任务。双端风控模式将是未来智能风控的主流。在双端风控模式下，智能风控技术将在开放银行端提供贷前、贷中、贷后的全面风控支持，在场景端布局包括身份认证、反欺诈、客群分层等内容在内的前置风控环节，实现风控的降本增效，提高用户享受银行产品和服务的匹配度与安全性。

四是联邦学习技术的应用，为解决数据孤岛和数据安全问题提供了新路径。随着开放银行与金融科技的发展及落地，潜在的问题也日渐暴露。在2019世界人工智能大会（WAIC）主论坛的演讲中，微众银行首席人工智能官杨强教授提出了当前人工智能发展面临的双重挑战：数据孤岛问题和数据安全问题。同时，随着《通用数据保护条例》（GDPR）等法规的出台和实施，对数据隐私的保护愈发严格，极度依赖数据的机器学习面临巨大困境。

针对以上两大问题，"联邦学习"这一全新概念得到银行的重视。作为一种新兴技术，"联邦学习"结合人工智能与大数据技术，在不共享"数据"的前提下实现"知识"共享，用协作实现联合模型的性能提升，以保障数据在模型构建过程中的安全性，从而盘活"数据孤岛"并解决数据隐私问题。针对实际应用中的不同场景，逐渐衍生出"横向联邦学习""纵向联邦学习""联邦迁移学习"等多个种类。其中"联邦迁移学习"将"迁移学习"与"联邦学习"相融合，让跨机构合作突破了行业、数据类型等多重限制。

在完善"联邦学习"理论的基础之上，需要建立起企业间协同建模的规范。要通过建设激励机制、建立共同标准等方式，推动行业中数据所有者共同参与联邦学习生态共建，让所有参与方受益于合规的联合建模链条，在遵循数据保护法规的同时，享受数据福利，推动"联邦学习"的进一步落地。

2. 区块链

开放银行是银行实现数字化转型的必由之路，在数字化时代，银行安全形势更加复杂，这主要体现在：不成熟的创新技术投入应用时带来的安全隐患；金融信息系统复杂度提升、业务链条拉长导致的攻击面扩大和更多的安全漏洞；隐私数据与漏洞传播速度更快、范围更广导致难以快速全面处置等。与此同时，我国开放银行相应的管理规范尚未出台，对于开放服务的类别、开放数据的分级分类，以及开放银行业务的服务方式、内容等暂无明确的行业标准,这给监管带来了较大挑战。为解决此类问题,区块链的发展潜力被看好:区块链作为包括分布式架构、一致性、共识机制、加密算法等属性在内的完美组合,对于开放银行来说是一个非常独特的、能够产生很多业务价值的技术组件。

区块链在隐私保护和数据确权方面的表现尤为亮眼。一旦网络呈现分布式、需要多方共同操作时,特别是像金融这种高监管的行业,对数据隐私的保护显得尤为重要。区块链技术服务商为客户提供技术解决方案时,通常会把隐私计算技术加入其中,形成"智能合约"。将输入的数据保存在本地数据节点上,链下进行安全多方的计算运用,所得的结果可以在链上进行验证和交换,形成一个去中心化的、可信任的数据隐私交易市场。该技术可以成为金融领域很多应用的核心部分,如精准营销、风险控制,联合征信等。同时,在数据共享过程中,借助区块链技术可以使敏感数据得以脱敏、机密数据不被暴露,为数据时代中的隐私部分撑起可靠的保护伞。

即便隐私得到了保护,在数字经济时代,数据的所有权、使用权、执行权、收益权应当如何划分,也是亟须解决的问题。数据作为一种网络虚拟财产,其具有的财产属性及所有权权属在我国立法上尚属空白。通常认为数据具有物权特性,并衍生出物权的各项权能,如占有、使用、收益等。而区块链技术有助于解决数据的确权、定价、存证、信用和溯源等问题,尤其是有助于解决溯源数据被重复利用多次后的权属问题。

3. 云计算

云计算属于分布式计算的一种,是指通过网络"云"将庞大的数据计算处理程序拆分成无数小程序,然后通过多部服务器组成的系统处理分析这些小程序,而后将得到的结果返回给用户。

云计算的核心概念是以互联网为中心，在网站上提供安全快速的云计算服务与数据存储服务，让每一个互联网接入者都可以使用庞大的计算资源与数据中心。云计算赋能开放银行，驱动"云上开放银行"的发展。

云计算要把数据用活，就需要搭建平台。云计算搭建了三类"云"平台，即三种服务模式，分别为基础设施即服务（IaaS）、平台即服务（PaaS）和软件即服务（SaaS）。IaaS是云服务的最底层，主要提供一些基础资源，用户可以部署和运用任意软件，包括操作系统和应用程序；PaaS提供软件部署平台，消费者可以控制部署的应用程序，也可以控制运行应用程序的托管环境设置；SaaS是软件的开发、管理、部署都交给第三方，客户可以在各种设备上通过客户端进行界面访问，如浏览器等，消费者不需要关心技术问题。

云计算相比传统的IT服务，具有以下优势：一是资源灵活且安全可靠。以并行计算为核心，按需调度计算任务、分配计算资源，并提供从数据导入、整合处理、计算模型设定到计算结果输出、多形式展现、应用等完整的数据处理服务，为用户提供可靠的平台，也加强了银行数据的安全性。二是通用性强且快速、便捷。具有高可扩展性和强大的数据共享能力。云计算不针对特定的应用，在"云"的支撑下可以轻松实现不同设备间的数据与应用共享。过去银行对积累的海量数据利用效率较低，云计算的高速运算能力，促进了银行对数据的高效利用，提高了信息共享的速度。三是统一的管理。通过云计算的统一整合，转变原来IT管理一对多的管理模式，实现了将物理资源池化的机制，通过云平台统一调度，从而实现统一的管理入口，实现简单统一的管理模式，有效提高银行整体的服务质量。四是低成本且计算能力强。

在云计算时代，银行无须购买昂贵的服务器，也无须为服务器的维护与更新感到烦恼，只需要把电脑接入互联网，把任务交给云端处理即可，从而大大降低了银行的运营、管理成本。

在开放银行模式下，金融机构需要建设匹配开放场景的金融科技能力，以构建无处不在的金融服务。云计算技术的应用为开放银行的发展提供了更有力的技术支持，使开放银行可以更加有效地对数据进行整合、分配、使用，帮助开放银行解决现有模式下的很多痛点和问题。云计算凭借其与生俱来的"资源共享"属性，可以助力开放银行模式快速发展。

4. 大数据

未来，随着开放银行落地进程的快速推进与对外开放的标准API数量增加，必然会产生更大量的数据。就利用这些数据为开放银行创造价值方面，一些国外银行已经有了成熟的大数据应用经验。巴克莱银行通过大数据收集到了因移动银行不允许18周岁以下的年轻客户转账或收款等限制而引发的来自青少年及父母的负面评论，决定添加16~17岁客户的使用权，从而获取了大量新用户；塔特拉银行利用大数据协助精准查找客户使用、评论的渠道，通过使用预测模型针对客户需求提供服务，提高了客户满意度，其信用卡客户的流失率减少了近30%。

目前，银行普遍面临大数据"大而不强"的问题，银行要做好大数据应用，首先会面临数据质量和数据孤岛问题对跨界、跨业合作产生阻碍的问题。银行数据量大但使用效率不高、数据应用技术的响应不够快、数据实时性不强，以及IoT、移动端、CRM数据繁杂不统一等问题，都成了阻拦银行业通过数据驱动业务升级的拦路石。

使用大数据进行重构解决上述问题，对海量数据"点石成金"，有以下步骤：第一步，数据标准化生产。在将数据的相关要素进行归集之前对数据进行筛选。第二步，数据分类。对标准化后的数据进行分类，便于提取和整合。第三步，数据分配。将需要被提取和利用的数据合理分配到需要的各业务条线上，实现大数据精准利用。第四步，数据的核验和清洗。数据使用后核验其数据价值和实际效果，反馈至数据采集的环节，对数据采集环节进行优化和迭代，对无效数据进行清理。第五步，数据开放。银行数据开放大多伴随着风险。随着开放银行战略不断走向深入，数据开放也已进入议程，等待配套制度和治理环境的完善。

5. 物联网

物联网（Internet of Things，IoT）即"万物相连的互联网"，是在互联网基础上延伸和扩展的网络，可以实现在任何时间、任何地点，人、机、物的互联互通。随着物联网关键技术的成熟，物的壁垒被打破，现实世界不再局限于信息模拟，而是通过万物真实数据的感知和融合，进行完整的数字化重塑和互动。目前金融领域也受到物联网的影响，物联网将会带来一次新的技术浪潮，进一步助力银行进行数字化转型，转变为开放银行。物联网应用极大地推进了金融科技变革，促进了开放银行创新发展，打破了银行现有线上线下客户接触模式，扩大了金融服务边界和触角，建立了更广泛的客户互联，构建了开放银行新业态。物联网将从以下三个方面重塑开放银行生态。

一是重塑金融信用体系，铸就有效精准风控。物联网使开放银行能够采集更丰富、客观、真实的客户数据，实现资金流、信息流、实体流的"三流合一"，促进金融机构建立客观信用体系。目前，金融机构面临诸多信用困局，信息孤岛、信用缺失、监管困难等问题制约金融业务进一步发展。在物联网架构下,开放银行能够获取更广泛的客户行为信息,建立客观信用体系;可以避免虚假数据和主观判断带来的影响,提高风险管控的可靠性和实时性,推动金融风险防控体系建设。

二是促进银行数字转型,提升客户服务能力。物联网帮助开放银行创新服务模式,使其可以为企业供应链融资提供完整、闭环的贷前贷后服务,建立供应链企业的信用信息库,为企业提供更便捷的融资、支付等基础金融服务和其他增值服务。物联网促进开放银行普惠服务的发展,实时动态掌控贷款企业的全部运营生产过程,充分有效地交换和共享信息资源,降低管理成本,促使金融服务向普惠化发展,推动金融服务实体经济。物联网可提高开放银行精细化服务水平。物联网金融数据带来更完整、更真实的客户画像,为客户提供更精准、个性化的金融服务。同时,根据客户行为信息数据,为客服提供主动、预测性服务,进一步提升客户金融服务体验。

三是实现科学运营管理,助力银行降本增效。物联网帮助开放银行实现内部运营自动化,采用物品标识、智能容器、智能货架、生物识别、追踪监控等技术手段,实现自动化和智能控制,降低业务运营成本,大幅提升智能化运营管理水平。物联网助力开放银行运营管理智能化,通过设备自带的定位技术,设置地理围栏、定制监控规则,搭建可视化地图,实现移动外设的资产管理、风险控制。物联网促使开放银行设备运维主动化,物联网可以定期采集并上报部件状态或指标信息,进行维护精准预测,推动定期保养向按需保养转变,降低人工维护成本,提高设备服务能力。

二、开放银行核心能力与体系架构

（一）开放银行的核心能力

开放银行的核心能力，不仅包括技术核心能力，还包括业务核心能力，考验的是银行的综合能力。

1. 技术核心能力

开放银行需要利用开放 API 技术实现银行与第三方之间数据共享，从而提升客户体验。开放 API、数据共享和平台合作是开放银行的三个要素，开放 API 适合充当传统银行"走出去"与第三方机构融合的桥梁；共享数据是指在银行领域共享客户通过支付、信贷、储蓄等一系列行为产生的数据；开放银行采用的是银行即平台（Bank-as-a-Platform，BaaP）的形式，将各种不同的商业生态嫁接至平台之上，再通过这些商业生态间接为客户提供各类金融服务，从而形成共享、开放的平台模型。

国内的开放银行主要强调银行服务能力的共享，突出"连接器"的作用。从银行的角度看，是通过开放 API/SDK 对外输出金融服务能力，加强自身与客户之间的联系；从第三方科技公司的角度看，是针对银行输出技术服务，这其中均不涉及核心数据的共享。而要做好"连接器"，银行必须建立全场景的线上金融服务平台，该平台需要覆盖消费账户、权益账户、网贷、电子钱包、存款等各类常见功能，这要求银行不但要有可以支持互联网金融服务的核心系统，还要有可以连接各类场景的开放平台，同时还需要有扎实的底层技术能力来支撑上层应用。总的来说，需要以下三方面的核心能力。

一是支持互联网金融服务核心系统的能力。传统银行的核心系统和营销系统、账户管理系统等都是独立的，在开放银行场景中，这些模块必须围绕交易核心形成一个有机整体。例如，账户管理体系要扩展为用户管理体系，使没有和银行签约开立账户的用户也可以获取服务。有了用户管理的理念，就要建立用户中心，统一管理用户相关的服务。金融产品的销售也要由以产品为中心转变为以用户为中心，销售门户展示的不再是单纯的产品列表，而是根据用户特征形成的综合金融解决方案。

二是支持无边无界触达的开放能力。在开放银行的服务模式中，银行要把自身的金融服务经过封装，包装成可以独立提供给第三方的接口，从形式上来看，目前主要是 API 和 SDK。但产品的封装，意味着系统功能高内聚低耦合，银行必须对已有系统进行重构。而接口的开放，意味着更加严格的安全标准，银行必须加强内部的安全措施。另外，场景的丰富，意味着对性能要求的提高，这些都对银行提出了新的要求。

三是底层分布式金融技术平台。传统的银行核心系统大都基于大型机或小型机，成本高、可扩展性较差，容易造成资源浪费。随着银行技术水平的提高和技术理念的发展，新的金融系统需要在高可用、安全、性能、成本等四个因素之间取得平衡，实现容忍各种软硬件设施故障、支持异地容灾、容忍各类人为失误的高可用；具有多层次监测、感知与防御各类攻击的安全指标；对于实时业务，要求极快的响应速度和极高的并发能力，同时要求系统具备很强的可伸缩性。

2. 业务核心能力

开放银行可以为商业生态系统的客户、员工、第三方开发者、金融科技公司、供应商和其他合作伙伴提供服务，使银行创造出新的价值，构建新的核心能力。

就场景服务能力的建设来说，首选大额消费场景，如住房、家居、汽车、幼教等。银行把自己的产品植入相应场景的 App 中，客户在进行大额消费时可以非常便捷地实现贷款申请，如目前比较普及的购车分期付款等。场景端希望客户保持黏性，需要推出 App，引导客户成为 App 用户。但是场景端擅长的是自身领域内的服务，没有完成交易必需的金融服务能力。此时选择接入开放银行的金融服务，就可以为客户提供完整的服务。

相比低频的大额消费场景，高频消费场景更有利于保持客户与银行之间的黏性，如公共服务场景中的市民卡、交通卡、医保卡等。在这些公共领域，银行尤其是区域银行相对于第三方支付公司更有优势，一方面银行跟当地政府的关系更密切，另一方面对普通民众而言，银行的品牌更值得信赖。最直接的案例就是银行与便利店合作打造的社区电商，这种模式实现了居民、社区便利店与银行三方获利，可以推广到任何有会员服务的、有支付需求的商业模式中。

开放银行是个新概念，但不是一种新业务。无论如何开放，只是形式上的变化，本质上还是将存款、贷款、支付等核心金融服务，通过更加便利的方式提供给客户。

（二）开放银行体系架构

自"开放银行"的概念在国内迅速升温以来，包括工商银行、建设银行等大型商业银行，招商银行、浦发银行等股份制银行以及微众银行、百信银行等新兴互联网银行在内的三大类银行相继提出了数字化转型、打造开放生态的战略思路，相应地进行了组织架构调整，为开放银行的建设打通流程，加速全行资源的整合，提供充满生机的孵化土壤。以下将对三大类银行开放银行体系架构的典型案例进行解读。

1. 大型商业银行的开放银行体系架构优化实践

为顺应开放银行的发展趋势，以中国工商银行为代表的大型商业银行对开放银行体系架构做了适应性改造、优化。工商银行的互联网金融开放平台于2018年4月正式上线，借助互联网金融开放平台向全社会输出金融能力。互联网金融开放平台通过构建开放、合作、共赢的金融服务生态圈，推进全行向服务无所不在、创新无所不包、应用无所不能的"智慧银行"转型。

为了保证开放平台建设的顺利进行，工商银行采用统一运营管理与各业务垂直条线管理同步运作的模式。统一的运营管理平台将零散的、线下的、不统一的对外开放服务，汇聚为轻量化对接、标准化展示、集约化服务、线上化运营的对外合作平台，实现全行开放产品服务的统一运营、集中展现、规范管理，成为全行对外开放金融服务能力的资源池和互联网场景共建的"武器库"；各业务条线垂直管理体现"全行建，全行办"的原则，强调API开放平台以各模块业务归属管理为基础，实现"权、责、利"的统一与协同，体现线上与线下、总行与分行、牵头部门与创新部门、产品部门与研发部门等之间的职责划分。

在职责体系方面，网络金融部为开放平台管理部门，牵头负责开放平台的系统建设、制度管理、运营管理、市场宣传，负责制定平台总体规划、发展策略、目标计划，负责API产品上线发布、门户运营、品牌推广、业务培训等工作；金融科技部负责API产品需求设计和整合、系统研发、技术支持等工作；各业务主管部门负责发起相关API产品的立项创新，制定相应的产品管理办法和操作规程，负责合作方准入、市场拓展、产品运营和风险防控等工作；内控合规部负责开放平台制度的合规审查和内部控制情况的再监督；法律事务部负责对开放平台相关协议的合法性、有效性进行法律审查，负责处理业务可能涉及的法律纠纷和诉讼案件，并负责客户权益保护相关事宜；办公室负责开放平台品牌推广，负责处理和应对开放平台业务的声誉风险。

在考核体系方面，各开放产品一般按照线上线下一体化原则，电子支付、电子账户等纯 API 形式的产品与同类型线上产品共同管理，均纳入原有金融产品的考核体系，由各业务主管部门结合业务发展需要制定考核指标，账户、支付、理财、信贷等产品条线和部门均有涉及。

在运营支持服务体系方面，为能够向开放银行建设提供内部组织保障，工商银行从总行层面开展顶层设计，建立了开放银行全生命周期运营管理机制，由总行网络金融部与金融科技部共同牵头、各部门参与成立开放银行运营团队，建立了线上线下、总分联动的运营支持服务体系。

2. 股份制银行的开放银行体系架构构建实践

以招商银行为代表的股份制银行机制相对灵活，在开放银行体系架构构建方面走在了同业前列。招商银行认为在开放银行建设和项目孵化的过程中，需要有完整的岗位设置，包括产品经理、商务经理、运营操作、客户服务、开发测试人员等，同时要投入相应的研发、营销等费用，方能保障建设过程的顺利进行与持续领先。

目前招商银行已经拥有较为成熟的创新项目孵化模式。招商银行的开放银行项目开发围绕金融科技创新建立了项目孵化平台并设立了金融科技创新项目基金，同时招商银行做了大量的资金支持、平台建设与创新氛围营造工作，实现了总分行协调合作、多部门组织全面支持，涌现出大批具有潜力的创新项目，在开放银行的建设发展上走在了行业前端。

在资源配置方面，招商银行建立了直属于董事会的金融科技创新项目基金，基金规模为上年营业收入的1%，不看短期的投入产出比。在平台建设方面，招商银行建立了金融科技创新孵化平台，为开放银行的创新项目提供全面孵化支持，该平台采取轻门槛准入、严格过程控制的模式，鼓励创新机制。同时，招商银行自动化的创新孵化系统作为创新项目的管理系统，无须人工管理即可随时为开放银行项目的建设提供工具支持，并定期记录项目进程中的数据反馈和评估结果。

在组织支持方面，建立跨部门成立的金融科技委员会小组，调用中后台部门资源，保证开放银行新项目的快速运转。在总分行协同方面，除开放银行创新项目孵化模式中分行的需求洞悉与总行技术支持相结合外，总行还负责开发产品、制定合作业务规则，分行负责联系合作机构，总行审批后完成准入；在业务协同方面，公司条线、零售条线、信息条线以客户需求为中心，在整合资源的基础上各展所长，深入推动开放银行服务项目在多元场景中的落地。

3. 新兴互联网银行的开放银行体系架构探索实践

以百信银行为代表的新兴互联网银行深入开放银行体系架构的探索实践，以机动灵活的体系架构践行开放银行的创新理念。作为承载着银行业转型发展使命的百信银行，战略创新一直被其视为紧贴监管要求、紧跟经济形势的一项重要工作。为了更好地整合金融科技能力，加快自我进化，从而锻造面向未来的百信铁军，更好地服务用户、赋能行业，百信银行进行了组织架构2.0版本的升级调整，主要集中在三个方向。一是构建开放共生型组织，从内外部培养生态思维。二是有效承接战略布局，即组织必须始终保持与战略同频共振、高效协同。三是人才适配和干部任用。百信银行将对高管的分工进行调整，加强管理团队对业务和职能的交叉管理，提升领导层的全局视野和统筹能力。

为适应开放银行所需要的体制机制，百信银行的组织架构 2.0 升级构建了"小前台、大中台、共享资源"的开放共生型组织，其中最为突出的变化是组建了被称为"特种部队"的"智能科技群组"，下设科技创新部、科技产品部和智能云事业部。百信银行期望该科技群组能够在科技生产效能优化、核心技术研发与应用等领域全面支撑银行的科技战略。智能科技群组的核心工作之一是推进"智融 OS"落地。"智融 OS"通过 T 治理双线化、基础设施云化、应用架构微服务化为客户提供智能化的体验，为打造智能银行即服务提供 IT 支撑，赋能金融机构数字化转型。科技的核心职责是支撑业务发展，智能科技群组和业务走得更近，更多地用微服务化的方式，把技术能力聚合起来形成能力集群，便于与同行分享经验。

在考核方式方面，智能科技群组以"科技赋能业务发展"为原则进行精细化考核。智能科技群组的考核方向主要包括两点。第一，交叉营销的能力，单纯地对单一场景做消费金融、财富管理等产品输出是行不通的，需要提供定制化的集合，然后像积木一样去自由地组装服务，给到不同的平台。第二，用户服务能力，这主要是基于百信银行对不同场景下同一用户的交叉度、重合度越来越高的要求。在构筑了底层账户之后，百信银行希望能够在不同的场景下服务到同一个人，用户在不同场景下的数据要有交集，随着用户的数据厚度越来越高、越来越丰富，未来金融机构在产品设计方面也能做到千人千面。

第五章　开放银行建设重点及场景化应用

当前，中国互联网头部企业在全力布局"类银行"的金融工具，各类第三方支付平台、网贷平台、理财代销平台等正在部分抢占传统银行的市场份额。这类企业直面客户的社交、购物、娱乐、O2O 场景，叠加卓越的产品设计与植入能力，打造了传统银行网点服务难以企及的体验与便捷。

银行业因为业务相对低频的特点，无法在流量上比肩各类高频互联网应用，所以很难凭借银行业务本身来打造生态、获取流量，再转化为金融价值。如何借助互联网资源进行线上获客与活客，成了各家银行反复思考的难题。拥抱互联网成为银行打破获客瓶颈、打造新型业态的银弹。

一、开放银行的场景化推广

（一）开放银行面向 B 端的场景化推广

依托开放银行建设，银行一方面能够对内整合原本割裂的产品、系统、组织和渠道等资源，通过形成标准化的接口和统一对接模式与流程，逐步搭建起对外的统一服务阵地，打造场景外拓所必备的项目快速实施、产品快速组装与业务持续创新的能力，以深度对接企业的信息化系统，升级企业服务，增强客户黏性。

在统一的基础服务平台上，总分行得以围绕产业场景需求，构建差异化的场景子平台与细分领域的金融解决方案，满足B端企业的个性化需求，打造具有竞争力的、可持续的场景服务方案。

另一方面，银行通过将核心金融能力、数据能力、运营能力等以API、SDK、H5等形式向第三方机构和合作平台开放，依托和发挥合作伙伴在其细分领域的行业积累和属地化经营优势，打造互补共生的商业模式，通过共享渠道、客群、数据，达到共同获客与扩大交易规模的效果，在共同助力企业数字化转型的过程中，逐步构建互联互通的行业生态。

从具体实施路径来看，B端的场景化推广主要包括以下几方面内容。

一是将面向B端场景的共性基础金融需求，例如支付结算、账户服务、现金及财富管理、供应链金融等核心金融能力，进行数字化改造，形成标准的系统级接口，打造业务层的快速组装能力，形成契合场景需求的金融服务解决方案，并支持以直联及开放API、H5、SDK等方式深度对接企业及开发者的信息化系统，使企业快速获取流畅、融合的金融服务体验。例如，以支付结算及账户管理能力为依托，整合B端、C端支付能力，实现便捷的教育缴费、医疗缴费、园区缴费、智慧食堂就餐等缴费方案，并以此为核心扩展账户管理服务与对账核销等企业服务，切实解决企业痛点问题，增强银行在场景金融下的核心竞争力。

二是变革银行服务模式，搭建统一的对外服务平台，以更加互联网化的方式提供体验一致的对接窗口和服务流程，支持B端企业和行业合作伙伴自主了解银行的产品及服务方案、在线获得试用体验、获取开发文档、使用测试资源，从传统的单一产品输出模式、割裂的服务团队，向统一的服务方案和服务体验转变。

以工商银行API开放平台为例，平台搭建统一门户网站以货架形式上架API服务，从热门服务、成功案例、API服务介绍、解决方案介绍、服务优势等多个角度进行展示，并提供线上化的服务接入指引、文档说明、开发测试及上线支持等一站式自助接入流程。新的服务模式背后是传统银行内部组织结构从单一产品团队向综合化服务团队的转变，也是资源组织方式的相应调整，以赋能分支机构快速进行场景拓展与项目的落地实施。作为新兴银行，百信开放银行打造的一站式自助接入平台已实现平均6天投产一家场景应用方，最快2天完成一家场景应用方从场景订阅到生产投产全流程，实现场景业务创新的快速落地。

三是聚焦优势场景和合作资源，在不断总结实践经验的基础上搭建并持续完善场景子平台，打造垂直行业的专业化队伍和服务能力。通过以自建或联合第三方合作伙伴共建的方式，银行能够在优势领域打造直接服务企业的软件级服务，深度融合银行的金融服务、科技能力、运营能力，形成可做规模化推广的行业解决方案。例如，建设银行面向小微企业推出了"建行惠懂你"平台，该平台是建设银行小微企业金融服务的一项重大创新举措，在市场和同业中属于领先地位。"建行惠懂你"智能服务利用互联网、大数据、生物识别等技术，创新推出"互联网获客+全线上信贷业务流程"业务新模式，集成了额度试算、预约开户、贷款申请、支用还款、指数调查问卷等功能，具有开放式获客、一站式办理、智能化风控等特点。此外，工商银行搭建的"银校通"智慧校园服务平台、"党建公会云"党团工会费系统，招商银行建设的智慧停车云平台、园区管理平台等也是这一模式的实践案例。通过场景子平台的搭建及系统级软件的推广，银行一方面能够扩展服务半径，提供与企业经营管理更加融合的金融服务，加强与客户的深度合作，另一方面可以持续积累在该领域的行业经验，挖掘细分领域业务机会，提升专业化服务能力。在与行业独立软件开发商（以下简称ISV）共同搭建场景子平台，并形成生态合作模式的情况下，传统金融机构的总分行分支机构可与行业ISV形成协同营销的扩大效应，综合双方的客群优势和获客能力，共同实现场景拓展。

四是金融机构开放自身渠道，引入第三方合作伙伴的优势应用与服务能力，丰富内部场景建设，通过自有渠道的运营优势，提升客户黏性，沉淀场景数据，更好地经营企业客户。例如，银行将企业网银、企业App等PC端、移动端场景开放给第三方合作伙伴，通过开放API，以小程序、H5页面的方式，引入财务记账、发票开立与查验、快递物流等企业云服务，为企业带来增值服务，增强对企业客户的经营能力。通过引入第三方优质服务，金融机构能够扩展传统企业服务范围，促进不同企业间的相互协同与资源共享，在自有场景中形成信息流、资金流的闭环，提供更加丰富全面的企业画像，为精准营销带来新的机会，也为风险控制带来更多维度的视角。

五是银行将自身服务以API等形式向第三方合作伙伴开放，通过融入第三方服务平台，借助第三方合作平台的资源优势拓展金融服务的触达范围。以物流行业为例，银行可以将基础金融服务与业务场景结合，构建诸如运费结算、代收货款、供应链融资等适用于物流行业的金融组件，将这些金融组件开放给各家物流行业核心企业或SaaS服务平台调用，在为客户提供无感化金融服务的同时实现业务拓展。在技术和资源上缺乏优势的中小银行如果无法自建开放平台，可以借助如兴业数金、金融壹账通等金融科技公司搭建的第三方开放银行平台，依托其科技实力和场景创新动力，实现能力集成与开放，对接更多的行业服务场景。例如，建设银行在搭建"建行惠懂你"平台的同时，还通过建设银行开放银行发布普惠金融产品，第三方可以在非建行平台上，通过调用 API 或 SDK 方式使用"建行惠懂你"部分开放功能，包括信用额度测算、抵押额度测算、惠懂你用户静默注册、企业认证、企业授权（在线股东会）、额度测算、贷款申请等。如果第三方拥有一定数量的小微企业客户及可供小微企业主使用的手机 App 或 PC 网页等工具，还可通过与"建行惠懂你"平台叠加，为客户提供丰富的金融服务。目前，该模式已拓展了包括阿里菜鸟、满帮、国家电网、可口可乐等在内的 20 余个合作伙伴。

六是设立金融科技子公司，将银行的资源优势与科技能力，包括底层技术能力、数据能力、风险控制能力、AI 技术、区块链技术、运营能力等，以更加灵活的方式进行创新整合，更加深入垂直领域的场景建设，形成与场景需求更加贴合的综合化、专业化服务方案，赋能同业金融机构及中小微企业。例如，兴业银行与兴业数金、平安银行与金融壹账通，通过母行与子公司的联动协同，充分整合和发挥传统金融机构的资源优势和金融科技公司的创新优势，以更加灵活的方式实现技术输出和产品创新，形成资产负债解决方案、智能营销解决方案、智能风控模型、智能客服、数据安全方案等专项服务方案，探索更广阔的服务领域。

（二）开放银行面向 C 端的场景化推广

在过去，客户习惯去网点办理存款、贷款、转账支付等独立的银行业务，而在已经到来的数字金融时代，客户希望随时随地以最佳的方式获得银行的产品和服务。银行开放程度的提升，将带来更丰富的应用入口、更灵活的交易时间，以及更大的业务规模。开放银行有助于银行业拓展获客渠道、优化客户体验，实现新的收入来源；从客户转向用户，扩展服务边界，跳出以银行账户为核心的客户体系，延伸到Ⅱ类、Ⅲ类账户以及没有绑定银行账户的 App 用户，构建互联网漏斗形用户体系。

目前在 C 端应用场景上，开放银行主要有"走出去"和"引进来"两种经营模式。其中，"走出去"指银行开放 API，通过与其他机构展开合作的方式在第三方场景进行经营。在这一模式下，银行主要对外开放支付和账户接口，支付接口的开放主要运用于公交出行、物流、电商平台等，而账户接口则以钱包类合作为主，通过输出银行线上Ⅱ类、Ⅲ类账户部分功能，为合作方平台提供账户支持和金融服务。"引进来"指银行通过自建平台，将不同的商业生态嫁接至平台上，通过商业生态间接为客户提供各类金融服务的经营模式。目前，主要包含出行、金融、商超等生态场景，通过提供身份认证、支付等金融功能，实现对合作方的开放赋能，能够同时满足客户金融和非金融服务的诉求。

在"走出去"的经营模式上，招商银行、建设银行、花旗银行等国内外先进同业都走在前列。招商银行与华为钱包合作，依托于成熟的Ⅱ类、Ⅲ类银行账户功能，聚焦用户在线上线下全场景的使用体验，通过华为钱包实现零钱账户的开通和使用。据悉，目前华为钱包支付场景不仅覆盖 100 多家线上商户，还覆盖了线下 1000 多万商户及 1600 多万台闪付 POS 机终端，并支持 10 多个城市地铁手机闪付过闸以及 600 多个地区的公交使用银联二维码乘车。招商银行与华为钱包的强强联手与资源共享，为用户提供了智慧便捷的全景支付体验。建设银行通过与小米钱包、郑州地铁、多点 Dmall 等第三方场景合作，打造了 C 端场景化推广的成功案例。例如，建设银行与小米钱包合作，双方共同打造的"小米零钱卡"银行电子账户正式对外发布。借助开放银行服务端SDK，建立了专线、互联网双通道，建设银行后端借记卡系统向第三方小米钱包开放开户权限，客户可以在小米钱包App中进行"小米零钱卡"开户。在金融功能方面，具备充值、提现、消费等基础支付结算功能。同时，实现了他行Ⅰ类账户资金充值，提现实时到账，余额、明细查询个性化定制，换绑、销户等一站式服务，真正达到"全生命周期"的账户开放目的，为客户提供更加安全、便捷的金融服务。通过充分运用银行Ⅱ类账户帮助平台实现实名认证、虚拟账户、支付结算、资金监管、风险控制等基本金融功能，全面解决了小米钱包的合规性问题，同时实现Ⅱ类账户零钱卡、基金等相关银行服务输出，为建设银行提升账户体量找到了突破口。在郑州地铁生态钱包项目中，通过建设银行开放银行移动端SDK的方式，用户可以下载郑州地铁官方App"商易行"，绑定建设银行龙支付，这样能够快速地为郑州地铁用户开立建设银行钱包Ⅲ类账户，实现余额查询、充值、提现、银行卡管理等账户服务；同时在生态钱包中配备"钱龙通宝"产品，提供货币基金实时买入、实时卖出到账、普通赎回、7日年化收益率、收益明细查询服务。在与多点Dmall的合作中，双方深度合作，借助开放银行移动端SDK，实现会员互通及建设银行Ⅱ类账户钱包、基金产品的快速输出，客户可以通过"多点龙会员尊享"专区入口，开通"多点零钱卡"账户产品和"钱龙通宝"基金产品，享受更加便捷的支付、理财、贷款等消费金融服务通。花旗银行推出API开发者中心（API Developer Hub），采用开放式架构技术，共计发布了账户访问、账户授权、银行卡管理、资金转账等9大类API，通过与万事达卡（Mastercard）、Virgin Money、Wonder等金融科技公司及消费品牌展开合作，为花旗客户带来更好的服务体验。富国银行创建了 API 开放平台（Wells Fargo Gateway），在美国开放了数据信息服务和支付两大类 API，在欧洲开放了账户交易信息、支付两类 API 服务。通过 API 开放平台可以帮助客户轻松地从其他金融服务商访问自己的富国银行账户，并可根据不同的服务要求开立新账户。通过开放银行的经营，富国银行将个人业务范围扩展到了第三方服务体系，大幅改善了客户服务。浦发银行发布了 API 无界开放银行，通过与中国银联、京东数科、携程、京东等 80 多家合作方展开对接，在 20 多个场景上更好地服务客户。

在"引进来"的经营模式上，招商银行作出了大胆尝试。招商银行不断探索基于 App 平台的数字化经营能力，通过内建平台的方式展开经营。招商银行提出，银行卡只是一个静态的产品，而 App 是一个生态，因此要将其打造为一个开放式平台。基于这种经营理念，招商银行 App、掌上生活 App，支持非招商银行卡用户注册、绑定多家银行卡，打破了封闭账户体系，转向开放用户体系。在打造开放式的互联网金融平台上，招商银行通过 API、H5 和 App 跳转等连接方式，实现了金融与生活场景的连接。同时，招商银行开始布局 App 小程序平台。招商银行小程序的实质，在于为 App 引入更多场景，为用户提供更丰富的服务。招商银行 App 小程序上线以来，先后引入了包括顺丰快递、高德打车、沃尔玛在内的 130 余家合作机构，涵盖出行、政务、民生、商超等生活服务场景。对于用户来说，招商银行小程序意味着更加丰富、满足用户需求、涵盖衣食住行等多元生活领域的产品与服务；对合作伙伴来说，可以和招商银行一起，延展服务边界，合力为 9000 多万招商银行 App 用户提供更好的产品和使用体验。

（三）开放银行面向 G 端的场景化推广

银行与 G 端客户的深度互联合作，涉及行业管理、城市和社区治理、农村治理等方方面面。通过云计算、大数据、区块链、人工智能等金融科技能力，建立政务生态，为政府各领域提供全方位的专业应用服务，从而提升政府综合治理能力，推动政务数据资源的整合与开放共享。通过与 G 端合作，能增加 C 端和 B 端客户黏性，实现金融服务的拓展和客户引流，下面以建设银行为例进行说明。

建设银行依托开放银行发展，创新智慧政务，以"互联网+政务服务+普惠金融+创新应用"四位一体发展为统筹，以"优政、兴业、惠民"为目标，以"政银合作"为契机和特色，打造了治理平台化、平台服务化、服务生态化的政务生态发展新模式。政务生态建设采用"1+2+M+N"的建设策略："1"是指充分利用建设银行在云计算、人工智能、大数据、区块链、移动互联网等领域的金融科技能力积累，拓展政务生态中的实际应用场景，赋能政务建设，助力政府综合治理能力的提升；"2"是指以"互联网+政务服务"和"互联网+监管"两个平台与政府各领域、各职能部门建立横向连接，推动政务服务资源和数据资源的整合、优化和开放，真正促进"优政、兴业、惠民"的社会治理目标实现；"M"指的是政府垂直领域应用，深入政府部门的薄弱领域及对政府治理影响大的领域，提升垂直领域的科技水平，促进数字治理；"N"指的是与政务相关的行业领域，为政府和社会关注的民生热点、难点和痛点问题提供解决方案，建设住房租赁、养老等社会化行业应用，解决社会问题。具体来说，建设银行 G 端场景化推广主要包括以下几个方面的内容。

一是充分拓宽渠道链接，进一步实现获客、活客。持续发挥金融科技天然优势，打造移动 App、PC 端、建设银行网点 STM、裕农通、政务服务大厅等"五位一体"的智慧政务平台，服务央企、大型企业、中小企业和小微企业等 B 端用户，助力政府提升治理能力、改善营商环境、优化便民惠民环境，给企业和广大群众带来切实的方便和普惠，进一步为"获客、活客"创造价值。

二是全面推进大数据应用，向各行业进行金融渗透。结合大数据应用，创新性推出快贷、信用评分等产品，为传统业务增加新的评判维度和依据，形成更丰富的产品形态和更完善的业务流程。借助政务大数据平台，借助政务相关信息数据化和集成化方式，不断完善优化政务服务信息系统，统筹建立相关信息库，从而实现智慧感知，全面、精准、及时了解公众的多样化需求，并作出针对性响应，实现良性互动并作出有效决策。

三是连接集成各类垂直应用，构建公共服务生态体系。运用金融力量，利用业务资源、体制机制优势，探索多渠道、市场化手段发展住房租赁业务、安心养老业务、ETC 业务等行业应用，为各级政府搭建全事项、全流程、全覆盖、全场景应用的政务便民综合性服务平台，实现不同主体的行政审批线上线下一体化、民生支付电子化、行业应用智能化、城市服务数字化，打造各行业数字化转型所需的公共服务生态体系。

四是深度开展业务合作，创新拓展各种应用场景。结合各行业场景的应用，使智慧政务的建设成果惠及自然人、法人、政府机构，通过智慧城市基础设施、城市公共信息平台、智慧交通、智慧楼宇、区块链电子票据等项目的搭建，通过智慧城市的建设和运营，实现数据贯通、业务贯通、安全贯通和金融贯通，形成融合建设、架构完整、资源聚焦、拓展灵活的智慧城市样板，推动职能部门业务流程梳理再造,突出便民、利民、为民、惠民,切实提高建设银行在智慧政务工作中的影响力和品牌价值。

二、开放银行建设重点和管理难点

(一)开放银行建设重点

建设开放银行是系统工程,需要在对银行业务与产品充分解构再重构的基础上,从技术、业务、数据资源和场景生态等方面协同构建出应对市场需求的复杂管理和敏捷开发体系,以便形成灵活多样的商业模式,为了满足这些诉求,开放银行建设工作重点需要涵盖以下几点。

1. 在技术层面打造银行开放平台的技术体系

打造一个银行即服务的平台(BaaS)。客户在场景生态享受具体服务时,对服务背后的金融业务需要无感化,银行"退居后方"。技术平台按照不同的参与方以及其所需的业务功能和关键业务流程,构建开发者中心(知识库及技术文档、测试环境、开发者论坛等)、开放银行网关(接口管理平台、各类开放接口资源)和管理中心(应用注册、资源申请、业务审批、SDK管理等),为各类场景、不同客户、多渠道应用提供嵌入场景的功能化产品,并进行全生命周期管理。场景建设者能够快速连接银行,获取数据和服务,开发创新应用。

挖掘金融科技对业务创新的价值。大数据、人工智能、云计算、区块链等技术手段不仅能够强化开放银行前台、中台、后台的技术服务能力和安全管理能力,而且能够优化金融服务的生产力和生产关系,为商业模式创新奠定扎实的基础。

2. 在业务层面建立与第三方合作的全流程解决方案

开放银行的业务体系要为合作方提供完整的服务功能。建立一整套注册、接入、运营、维护的全流程解决方案，通过接入审核、技术开发、测试投产等流程，一站式地给接入用户提供标准、无差异化的金融服务或在金融服务中加入第三方系统的功能。业务体系以审批工作流、接入管理、开放接口和SDK开发、后期运营为主线，同时具备多级授权、运营监测、流量控制、管理员操作流水查询等辅助功能。

提升对合作业务与产品的可管理能力。这也是相对银行传统互联网金融业务的新功能。建设面向合作方系统的风险监控与管理能力，具有第三方系统的接入流程可追溯、开发平台可学习、流量接入可控制、开发经验可共享、运营过程可监控、业务数据可统计等典型性能。

3. 在数据层面建立合作标准实现资源安全共享

开放银行需要解决数据开放的技术问题，通过建立并开放公共API端口，允许场景建设方、第三方金融机构等在获取金融消费者授权的情况下通过API端口对银行的消费者金融数据进行访问。银行与场景建设方或是第三方金融机构通过开放API端口实现彼此的数据共享，并且能够利用银行的数据资产，结合第三方数据，充分挖掘银行金融数据所蕴藏的更大经济价值。

4. 在场景层面打造丰富的生态实现开放银行输出

以场景生态为媒介，提供更加高效的开放银行服务。商业银行要以用户价值为导向，通过纵向产业链整合、横向场景圈扩展的商业模式，打造共生共赢的新型链圈式金融生态。

打破以客户为条线，营销单一功能产品的传统模式。银行应该以场景生态为依托，落实银行与合作伙伴间的资源共享和优势互补，并且面向场景价值链上各类客户提供综合化金融服务产品。这样做的效果是，同时满足个人客户的衣食住行医，以及企业客户的生产经营的需求。在营销方式上要充分发挥C端客户与B/G端客户互相带动的联动效果和双边效应。

（二）开放银行管理难点

国内商业银行在探索开放银行业务中面临的主要问题集中表现在以下几方面。

一是面临文化与体制的挑战。银行实质上是在管理和经营风险，这决定了它天然具有审慎经营的基因。而开放银行的本质是在对外合作的基础上实现交易，相比银行传统业务，开放银行客户群体的来源和结构更为多样、业务流程也更加复杂，因此在追求稳健的体制内进行开放银行的创新并非易事，需要克服制度的约束和体制的羁绊。

二是变现能力和模式困惑。构建一个完整的开放银行是一项巨大的工程，往往需要消耗大量的资金、时间与人力，加重了银行对投入回报比的忧虑。从某种程度上讲，开放银行带来了技术上的变革，但并不能保证盈利层面的正相关成长。

三是安全风险的隐患。开放银行增加了风险敞口，拉长了整个风险管理的链条。API技术广泛应用可能带来的网络安全隐患，在互联网规模经济中产生过度集中和连锁反应，可能会破坏现有商业银行成熟的风险隔离机制，加大了系统性金融风险产生的可能性，风险洼地的效应也会更加凸显，例如数据泄露、网络安全、业务开放、合作方欺诈等新型风险会在意想不到的地方猝不及防地发生。

四是声誉风险与品牌风险。由于合作伙伴造成的第三方欺诈、黑客入侵、客户隐私被窃、数据泄露等产生的连带责任，会对银行本身的品牌和声誉造成恶劣影响，加剧了银行在舆情监测、动态管控及响应方面的风险与成本。

第六章　开放银行的市场策略选择

开放银行是基于以客户为中心的理念，通过 API 或 SDK 等技术形式，实现银行与第三方之间的数据、产品和资源共享，将银行的业务融入更广泛的生活和生产场景，透过各类商业生态为客户提供金融服务，最终构建一个"数字＋场景＋服务"的开放生态。目前，开放银行的理念已经被银行业逐步认可与推崇，建设内容具有较强的共性，但是不同类型的商业银行在实施开放银行时面临不同的问题，基于自身的资源禀赋，各类银行采取的战略途径也不尽相同。

一、银行自建平台的市场策略

资金实力雄厚、技术资源丰富的银行可以自建开放平台，将银行服务作为可公开售卖的产品发布到平台上，供开发者申请购买和使用。当第三方使用了相关产品，金融业务便嵌入应用场景，实现金融服务与第三方平台的场景融合。例如，大型商业银行中，农业银行建设了开放银行基础平台，已经于 2019 年 11 月全面对外开放服务；在股份行中，招商银行的掌上生活 App 也是银行自建平台的典型案例；在城商行中，徽商银行已经开发出了交易家平台，作为交易银行业务的重要支撑。

招商银行的掌上生活 App 自 2010 年上线以来，历经 8 个大版本的迭代更新，从最初的运营重构到中期的经营进化，再到当下的连接探索。而连接的前提正是"开放"，掌上生活的开放之路包含"走出去""引进来""生态融合"三步。

（一）"走出去"

随着信用卡行业进入下半场，现阶段传统的增长模式开始遭遇瓶颈，传统银行以金融为核心的单一商业模式，在移动互联网的世界里开始显得单薄，同时互联网头部平台立足衣食住行、社交、电商等场景，反向切入金融，抢占市场份额。在这个时刻，掌上生活App勇敢地"走出去"。招商银行意识到，除了信用卡外，必须换一个角度选择一个合适的领域把开口做大。不同于以往将金融作为对外主打产品，掌上生活App的策略是将金融服务包裹在生活场景当中，通过高频生活场景引流，将支付、消费金融等服务自然而然地融入用户的生活，顺理成章地实现金融变现，在掌上生活App中，金融场景、非金融场景的使用率分别达80.80%、68.30%。

（二）"引进来"

招商银行最新推出的掌上生活App8.0注重将场景、用户、优质商户和前沿技术"引进来"，通过扩充产品维度、拓宽合作广度、坚持技术引领，深度构建自身平台能力，连接生活、消费和金融。在产品内容维度，生活、电商、汽车服务的商户数量增加、应用内容丰富，并易于在渠道、内容层面建立开放合作的商业关系。在产品创新层面，掌上生活App8.0引入了"今日发现""品质电商""汽车生活"三个重要版块。

导航栏页面"C位"是"今日发现"，它是掌上生活App新增的内容平台,专注于聚合生活服务内容,以美食、电影、科技、汽车、居家、运动健康、旅行、时尚和宅文化为重点。内容源分为两部分,80%是各细分领域的头部媒体及关键意见领袖(KOL)生产的内容;20%是尚未被流量发掘、优质原创作者生产的内容。通过内容搭建一个入口,将"人、文、货"通过系统进行关系重组,从而形成消费驱动。

"品质电商"是原有电商平台的升级。掌上生活App的商城缘起于信用卡积分兑换及分期购买3C类产品等,从8.0版本开始,掌上生活将向品质电商转型。在美妆方面,目前已与诸多全球知名美妆护肤品牌签订协议,其他垂直细分领域的准入门槛一般要求是行业前三。目前,已引入超过1500个合作品牌,与五大美妆集团24个高端品牌达成战略合作,成为线上美妆品牌授权最多的银行电商平台。

"汽车生活"是业内首家连接各类汽车服务的平台。该版块整合新车报价、洗车、加油充值、停车缴费、扫码挪车、置换新车等诸多与汽车相关的服务,覆盖买车、用车全场景。这些全部都是高频场景。

(三)"生态融合"

在拓宽合作广度方面,掌上生活App则是建立起"合作伙伴生态计划",连接亿万招商银行信用卡持卡人及更多非招商银行信用卡持卡人。所有用户通过手机号即可注册,并支持绑定大多数主流银行的银行卡进行交易,同时平台引入超过15万家有相同价值观的头部优质合作伙伴。

掌上生活App还通过技术深度创新打造"引擎之心"计划,引入智能推荐、风险量化决策等系统,更好地为优质生活场景、优质用户和优质合作伙伴提供连接服务。

在吸纳外部优势、引入优质生活场景之后，掌上生活App逐步搭建起了自身的"生态融合"，通过卡中心媒体矩阵、招商银行OneBank和同异业合作对外赋能。以媒体矩阵为例，招商银行信用卡实现了通过微信分享和小程序连接微信用户和掌上生活App用户，微信用户可在微信渠道进行掌上生活App预注册并参与掌上生活App的活动，进而为App获客导流；招商银行OneBank打通掌上生活App与手机银行App的用户体系，实现对用户的便捷管理，同时最大化经营两个App的用户。掌上生活App8.0的饭票、影票和电商也同时支持在招商银行手机银行App开展业务，打造统一的用户体验；在同异业合作方面，华为商城、大疆、万表网等知名线上商城都支持掌上生活App分期支付，用户在商户端下单后即可直接使用掌上生活App支付，享受快捷、便利、安全的支付体验。

二、银行参与第三方平台的市场策略

在不断强化的产业互联发展趋势下，银行与客户的连接仅局限在自有场景与自有渠道中是不够的，市场需求和竞争压力驱动银行越来越多地寻求渠道合作。而众多的中小型银行也因资源和能力所限难以自建开放银行平台，无法直接向第三方场景输出开放服务，故通常在细分领域借助金融科技公司、互联网企业的技术力量为其特定场景定制专项的解决方案，并在同类型第三方场景中实现模式复制推广。与第三方平台合作正是开放银行建设的核心内涵之一，银行通过将产品与服务内嵌到第三方平台，以扩大与客户的接触范围，提升交易规模，并从合作方的强项中获得增益。

（一）实现模式

从具体的合作方案来看，银行可以根据自身情况，选择适合的方式进行开放。

一是银行与第三方平台针对基础能力开展合作。第三方平台根据银行情况，提供标准化或定制化解决方案，双方结合自身优势，实现开放银行服务，提升双方技术水平。例如，金融壹账通搭建开放平台，连接银行等金融机构和第三方金融科技公司，引入整合第三方科技公司力量，与银行展开业务需求、场景方案和科技能力三个层面的合作，为银行提供开放创新的金融科技服务，帮助银行把金融服务灵活接入各种服务场景。

二是银行与第三方平台进行业务合作，推出联合产品。银行通过严格的开发者准入审核，选择行业优质服务商，将核心金融功能内嵌到服务商的场景运营平台，结合双方优势，丰富并升级平台功能，形成更具竞争力的行业解决方案，并利用品牌加成效应进行联合推广。例如，银行将BC端支付及清算能力赋能教育行业软件服务商，打造校园电子钱包，增强智慧校园管理系统功能，向教育部门及机构提供产品或能力。对于深度合作的第三方平台，银行可以根据具体场景需求，将账务服务、企业财资管理、供应链金融、人工智能、区块链技术等一揽子金融科技服务，与场景运营管理系统深度融合，打造联合运营的商业模式。

三是第三方平台对银行服务进行引流，银行开辟新的分销渠道。银行通过与具有稳定客群的流量平台合作，将个人理财、消费信贷等产品及服务嵌入外部场景，触达更多客户。例如，银行将信贷审批流程线上化并形成标准化的信贷产品，以接口的形式嵌入二手车交易平台，为购买二手车的车主提供实时的贷款服务，而银行通过第三方平台的流量，扩大了服务车主的范围。

四是银行与第三方平台展开数据合作，共享数据资源。银行通过合作获得更全面的客户行为画像与分析，实现获客引流、精准营销、智能风控等目标。当然，银行在数据合作过程中要通过数据脱敏、联邦学习等技术手段，保障数据安全及客户隐私。

五是银行将开户申请、资产核验、信息报送等业务流程嵌入机构类服务平台。在获得客户授权的情况下，将银行的数据以接口形式开放给海关、公积金中心等机构，减少客户频繁往来不同机构切换办理业务的痛点，提升客户端到端的流程体验。

（二）典型案例

1. 微众银行"微粒贷"

微众银行的"微粒贷"是基于第三方互联网平台的开放银行拓客的成功案例。该产品是微众银行推出的一款面向微信用户和手机QQ用户的纯线上个人小额信用循环消费贷款产品，相比传统的个人贷款服务，具有无抵押、无担保，7×24小时服务、最快1分钟完成放款以及随借随还、提前还款无手续费的特点。

"微粒贷"采用用户邀请制，用户是通过以微众和腾讯内部"白名单"机制（财付通已绑卡）筛选出来的，受邀用户可以在手机QQ的"QQ钱包"内以及微信的"微信钱包"内看到"微粒贷"入口，最高可获得30万元借款额度。"微粒贷"通过手机QQ的场景锁定长尾客户，使其成为业务增长的主要力量。微众银行2018年年报披露，其主要客户中，80%为大专及以下学历，76%为非白领从业人员，72%以上的个人借款客户单笔借款成本不足100元。

截至2017年12月末，累计发放贷款总金额超过8700亿元[①]，授信用户总数突破3400万人。横向对比国内银行业的消费信贷规模，"微粒贷"1000亿元的放款规模已经接近A股大型城市商业银行个人贷款余额（剔除个人住房贷款）。此时距微众银行成立仅3年的时间，而其他城商行几乎全部成立接近20年。在2018年年中腾讯举办的智慧交通大会上，腾讯公司副总裁郑浩剑在发言时透露，"微粒贷"产品累计放款已经超过万亿元规模。

2. 平安银行"银律服务平台"

开放银行可以实现用户、产品和服务的完美融合，是用数字技术实现的全场景、无界金融，更是一个由银行、合作伙伴、客户构成的金融生态链。在这个生态链上银行的角色仍然是金融媒介，但可以构建全新的金融模式及风险管控模式。基于这样的定位，平安银行打造了全新的"银律服务平台"，通过API输出合作，实现律师事务所效率、效益、效果的全面改进和提升，最终为律所解除各种业务上的困难与挑战。

为构建全新的"银律服务平台"，平安银行与知律科技的"金助理"产品进行了全面对接。"金助理"是聚焦律所管理、团队协作和律师办公的一体化软件，融合办公自动化（OA）、客户关系管理系统（CRM）、案件管理系统（BPM）、内容管理系统（CMS）、人力资源管理（HRM）、财务、企业社交、BI等功能，"金助理"系统部署在阿里云，提供PC端、移动端量大平台入口，打造人（力）、财（务）、（业）务、事（日常事务）服务能力，涵盖律所经营管理的全部环节，实现业务融合、数据贯通，适合传统提成制、公司化、一体化及混合制等各类律所。

---

① 2018年、2019年放款总额、授信用户数未披露。

平安银行通过银企直联的方式与"金助理"对接，通过Open API方式来验证"金助理"的身份，使用"线上签约+Open API+预录入"方式，打通银行接口，实现网银端动账实时同步到"金助理"，"金助理"单据直接驱动网银支付等。所有涉及动账的业务，均以律所名义在网页端操作，同时结合金助理"智能台账系统"，协助做好网银端信息预录入和查询，帮助律所构建一个快捷、强大的律所财务中台，实现律所业务财务一体化。

在律所、"金助理"、平安银行三方签署协议后，平安银行提供Open API供"金助理"系统调用。律所授权"金助理"系统进行对账查询、动账等操作，并通过接口或文件的方式传至平安银行，当进行"查询"操作时，平安银行接受请求并将数据发送给"金助理"系统；当执行"动账"操作时，银行在成功接受"金助理"发来的动账数据后，需要律所负责人登录企业网银进行审核和确认，账户里的资金才会正式转出。

律所使用"金助理"系统进行包括财务在内的业务管理工作，在"金助理"系统未与平安银行系统打通前，律所财务人员需要在几套系统中进行烦琐的重复录入工作，由于律所收入的资金种类繁多，导致财务入账核算非常困难。此外目前律所收款时，没有办法区分来账属于哪个律师团队，日常对账十分繁重。然而在"金助理"对接开放平台后，开放平台能够提供智能收款账户体系、账户查询、预录入、转账审核以及动账通知等功能，律所通过"金助理"在平安银行开通"银企直联"后，能够高效解决律师费到账后财务人员手动添加账目、查询款项是否到账、发放工资和报销等流程烦琐的问题。通过开放银行的合作模式，银行实体账户会实时将律师费到账信息同步到"金助理"系统，当事人向律所的银行实体账户支付律师费后,"金助理"即可实时推送资金变动通知,方便律所财务和各位律师及时了解资金变动情况。

三、银行与外部合作共建平台的市场策略

在银行与外部合作共建平台的市场战略中,开放平台既不是银行主导,也不是互联网平台公司主导,而是形成了一个独立的平台主体。该主体能整合银行与互联网平台公司的优势资源,具有独特的市场竞争力。

目前,我国银行与外部合作共建平台的代表是百信银行。百信银行是经国务院特批、中国银监会批准设立的国内首家独立法人直销银行,由中信银行和百度公司联合发起成立,于2017年11月18日正式开业。百信银行是银行业转型发展试验田,其在成立之初就确定了"O+O、B+B"的开放银行发展模式,即"线上+线下,商业+银行",场景在前,金融在后,是一家天然具有开放平台优势的原生性开放银行。该行在行业内首次提出"开放银行+"生态策略,联合信银投资、百度智能云、中信产业基金、红杉资本、顺为资本等搭建了国内首个开放银行生态加速器暨"UP加速器",将开放银行上升到公司战略层面,目标是连接金融机构、金融科技公司和场景生态伙伴,提供"股权+债权、金融+科技"的跨界服务,搭建一个完全开放的智能金融生态圈,助力金融服务供给更加结构化、多元化和普惠化,赋能商业新生态,支持实体经济。目前,百信银行已经连接了超过80家场景合作方,从搜索、内容、新消费、出行、电商、产业互联网等领域持续赋能生态建设,成为一个典型的充满活力与无限可能的开放平台。

（一）产品层面：百度闪付

百度闪付是百信银行联合百度共同创设的智能小程序产品，百度首页右上角提供专门入口，为用户提供一键绑卡、线上线下便捷闪付功能，并提供理财、信贷、信用卡还款、生活缴费等金融服务，是另一个开放银行C端场景化推广的案例。根据百度智能小程序统计，截至2019年末，已有超过6000万的用户使用过百度闪付。

百信银行充分融入百度生态，采取"搜索+信息流"双引擎驱动，利用手机百度这一日活跃用户数量（DAU）近两亿的App，触达海量用户，并通过举办多种惠民性质的活动吸引和留住更多用户。围绕用户持续构建信息、兴趣、内容和金融服务的良性循环，更好地满足用户碎片化和场景化需求，同时也提高了手机百度的用户黏性和价值。

（二）系统层面："AIBank Inside"

2018年上半年，百信银行发布了"AIBank Inside"的前身"智融Inside"系统，作为金融开放的统一入口。AIBank Inside 充分发挥金融能力撮合作用，充当金融服务的"连接器""适配器"，保证场景合作方能在最快的时间内实现金融诉求，最快5分钟就可以极速接入，同时也提高了并发效率，极大地降低了开发成本。目前通过 AIBank Inside 系统，百信银行已经开放了超过350个API接口，对接了百度、小米、爱奇艺等80多家平台，逐步沉淀了普惠信贷、智能理财、智能账户等开放银行能力，实现了金融服务与场景的融合共生，共同为用户营造触手可得的开放金融新生态。AIBank Inside 已经落地敏捷研发体系和微服务架构，初评已具备 DevOps 全面级能力。目前正在搭建大中台服务集群和 AI 金融大脑，打造基于自然语言的动态银行，未来逐步向行业开放。2020 年 1 月，AIBank Inside 也成功入选第一批央行金融科技监管沙盒试点项目。

（三）技术层面："智融 OS"

为了服务全行"智能银行即服务"的发展战略需求并结合监管要求，百信银行确立了打造金融级操作系统"智融 OS"的 IT 战略，"智融 OS"同时蕴含开放和共享（Open and Share）的理念，目标是建立稳定与敏捷并重、AI 全流程嵌入的运营模式和 IT 能力，全面实现对外金融能力输出、聚合服务与极简化场景嵌入能力。

按照设计，"智融 OS"由三大平台和开源社区共同构成。三大平台中，开放技术能力平台提供金融级的技术服务组件及 IT 基础设施，有利于快速形成金融服务能力；开放金融服务平台整合了业务服务组件，为快速创新金融产品提供业务组件支撑；金融场景创新平台提供 API、SDK、H5 等，通过组件拼装及服务组合方式，实现快速业务场景创新。开源社区是通过构建行外"创新社区"和行内"开源社区"，以开放、共享、互惠互利的方式广泛吸纳行内外场景创新思路、优秀能力成果，形成可持续的场景创新能力和快速迭代能力。

未来，百信银行将进一步实现"智融 OS"整体打包，进行科技和金融服务输出，包括"智融 OS"技术框架、特色业务产品、账户能力、支付能力及风控能力等，打造共享共赢的金融生态圈，为用户提供智能普惠的金融服务。

第七章 开放银行的风险控制

开放银行通过技术手段促进数据的开放和共享,打破数据垄断,目标是使消费者数据得到更有效的应用,将服务进一步融入金融生态,提升效率和质量。从另一个角度来说,开放银行作为一种全新的业务模式是银行线上展业从简单的 App 方式向基于 API/SDK 技术输出升级的具体过程。但在这一过程中,也可能增加风险敞口、拉长风险管控链条,风险洼地效应进一步凸显,在数据安全、网络安全、业务流程和外部机构管理等方面出现新型风险。因而,如何以适当的安全策略应对开放银行模式的风险挑战,在很大程度上决定着开放银行的成败。

一、数据安全风险控制

传统银行业不管是业务体系还是信息系统,都较为封闭,客户信息仅能够在银行内部使用。开放银行颠覆了这一模式,使商业银行与外部机构相互连接,数据与外部的连接程度不断加深。在数据开放条件下,大量的服务提供方、交易方接入金融系统,数据共享性提高,数据泄露风险增加,可能发生欺诈性金融活动、盗窃等违法犯罪行为,给客户造成名誉、资产等方面的损失。攻击者利用数据加密漏洞、数据库的安全漏洞以及内部人员道德风险,获取敏感金融数据,进行非法获利。与一般商品不同,现阶段数据采集者和拥有者在数据产权方面尚未达成完全的统一，同时由于缺乏正规交易市场，数据定价存在一定的困难。因而在开放银行拓展的过程中，应从基础立法层面考虑数据安全问题，结合监管规定形成统一完整的风控体系，从根本上控制数据安全风险。

（一）推动数据和个人信息安全立法

我国关于数据的立法可以追溯到 2000 年全国人大常委会通过的《关于维护互联网安全的决定》。2004 年，通过《中华人民共和国电子签名法》，对电子信息和数据的保护进一步加强。2012 年，全国人大提出加强网络信息保护，主要是"识别公民信息和公民隐私的电子信息"，进一步明确了相关法案所保护的数据范畴。

其他相关法律中也有关于数据和公民信息保护的规定，比如《中华人民共和国消费者权益保护法》中明确消费者的信息应受到保护，这是消费者的基本权利；《中华人民共和国国家安全法》中明确规定，要实现网络和信息核心技术、关键基础设施和重要领域信息系统及数据的安全可控，建立针对信息安全的国家审查和监管机制。此外，《中华人民共和国电信条例》中也对互联网数据传输业务进行了细分。2019 年人民银行向各银行进行《个人金融信息（数据）保护试行办法》意见征集，也将对我国金融业信息应用起到规范和指导作用。

虽然我国相关法律已经对数据的传输、应用和保护进行了一定程度的规范，但尚未形成明确的法律边界，法律体系还在形成完善中。在这样的监管条件下，金融机构推动数据共享的开放银行业务模式可能存在一定的不确定性。对数据的获取、使用、保存等活动进行规范，开展全面的数据立法，解除信息技术发展和大数据应用对个人、经济、社会和国家安全可能产生的潜在风险已经迫在眉睫。在法律规范的基础上构建相关监管体系，形成对金融业务的规范指导方针，是开放银行成熟业务模式形成的基础。

（二）规范数据共享范围和实现方法

在开放平台业务模式下，商业银行基于自建 API 平台和第三方 API 平台进行数据开放，因而统一的数据共享技术标准是维护开放银行数据安全的重要途径。

数据共享的技术标准包括格式、接口、安全等方面的标准。在确定数据共享技术标准的过程中，应考虑数据共享范围及定义、收益机制、保护和共享的关系及争议解决机制等方面的内容。欧洲在数据共享规范的制定中处于全球领先地位。英国相关监管条例针对数据制定了详细的分类及相应的权限，规定了实施机关、监管权能以及事故处理机制。欧盟的《通用数据保护条例》（GDPR）规定金融机构必须从账户持有者处取得明确的数据共享许可，对授权的要求极高。我国在制定数据分类及相关权限的过程中可以参考欧美标准，选择适合我国国情的数据权限结构，明确处理机制和负责机构，为开放银行的数据风险防控提供支持保障。

与政府制定标准相对应，具体落地开放银行模式的金融机构需要在业务模式、流程设计的开始就进行全面规划，严格执行数据安全管控，保障开放银行发展的稳定、可控。

二、网络安全风险控制

由于行业的特殊性，金融机构一直是网络犯罪的重灾区。

根据 VMware Carbon Black《现代银行勒索 3.0》年度报告，截至 2020 年 5 月末，27% 的网络攻击矛头指向医疗或金融行业。该报告的调查数据显示，80% 的受访金融机构认为过去一年中所受网络攻击增加；82% 的受访金融机构认为网络犯罪正变得越发复杂；33% 的受访金融机构表示曾遭遇跳跃攻击，其中，供应链和合作伙伴常被利用去攻击主要金融机构。而作为金融体系的"金库"，商业银行一直以来是黑客攻击的首要目标。商业银行系统庞杂，极易产生技术漏洞。在开放银行条件下，依托互联网渠道向客户提供服务，融入具体商业生态，使开放银行接口具有极强的公开、共享属性，更容易受到外界攻击，造成业务系统损伤。攻击者可以利用大量的服务器频繁访问银行固定服务器，造成银行网络服务延时，甚至停止服务，增加银行网络安全运营管理的难度。

目前，相关金融机构在推动开放银行转型的过程中，在应对网络安全风险方面仍有相当明显的不足之处。比如，传统银行的网络安全人才稀缺，无法承担开放环境中网络安全维护的重任；传统银行业务流程与网络安全的协同、联动性差，业务创新与网络安全存在矛盾，这些矛盾在封闭网络中不突出，但在开放网络中会被放大。后续布局开放银行将进一步增加银行数据共享、端口开放和系统的复杂程度，网络安全的布局防控难度将进一步提升。因而在推动开放银行转型的过程中，要从网络安全治理架构、防控体系构建和人才队伍等方面着手控制网络风险。

（一）敏捷能动的网络安全治理架构

银行内部应形成敏捷能动的网络安全治理架构，在业务、研发、运营、架构、测试、安全相关条线之间形成协同机制，在产品研发阶段即考虑网络安全因素，从业务因素和安全因素等多个方面平衡业态创新。

（二）构建智能防控体系

在开放银行构建的过程中，接入对象众多，端口开放性提升。通过大数据、人工智能等方法关联分析网络安全信息、服务器历史数据等，对异常行为进行检测，第一时间进行应急处理将成为控制网络风险的重要手段。通过智能手段对事态、趋势、风险、行为进行感知，实现对风险的精准管理和预测，是提升网络安全风险感知能力和预警能力的制胜基础。

（三）培养复合型人才队伍

随着开放银行中人工智能、云计算、大数据等金融科技因素逐步增加，只有充分发掘金融科技应用过程中的网络风险，才能提高网络安全运营质量。通过专业技术培训和人才引进提升队伍专业化能力和网络安全战斗力，是在开放银行平台建设过程中进行安全赋能的关键节点。

三、合规风险控制

开放银行的运营模式大幅提升了银行业务的灵活性，重塑现有业务流程。但与此同时，开放接口的封装可能导致业务流程无法按照传统方式进行，甚至关键的风险控制环节被技术手段绕过，导致合规风控机制形同虚设。因而在开放银行平台构建过程中，应完善流程管控，明确责任边界，打造全流程可管理、可控制、可追踪的管理平台。

（一）强化运营审批流程重塑

在开放银行落地过程中，需要从监管层面到银行层面针对业务特点和银行自身情况制定业务接入的审核审批管理办法，对岗位、人员分别设计流程节点，严控审批流程。

在外部流程设计方面，要预防不合格开发者利用技术手段接入使用资源，以此为前提提高数据、网络风险防控能力。规范接入者资质和开发能力，完善业务推动流程，促进三方业务行为的规范化和简单化。

在内部流程设计方面，应注意防范内部审核审批人员为第三方公司谋取非法利益。在开放银行平台上更可能出现违规接入和操作的问题，一旦内部审批与外部违规操作相结合，进行风险防控的难度将变得极高，因而要重点设计岗位之间的互相监督体系和智能审批流程，打造全流程可管理、可追踪、可管控的运营监控管理平台。

（二）厘清责任边界，建立责任机制

在开放银行业务发展过程中，会发生更多交叉业务及共享行为，整个服务流程将空前复杂，当客户对服务环节及相关操作提出质疑时，需要相关机构介入解决。例如，用户在进行资金偿付时出现的问题可能会涉及跨机构、跨行业追责等方面，此时如何认定权责、避免相互推诿、及时对投诉纠纷进行反馈，都是开放银行模式构建中需要细致推演的环节。一旦发生互相推诿、权责不清的情况，将会影响整个业务体系，损害客户的合法权益。

开放银行的服务接口接入了具体的生态环境，这使银行业务不仅与相关金融系统发生交互，更与具体服务环境产生联系，形成平台化、集中化的业务模式。因此，要在监管层面进行细致的流程分解和规则梳理，并在具体接入机构层面对业务的每个操作环节进行认定，这将影响最后的责任认定和解决。

四、外部风险控制

开放银行模式将使银行与其他金融机构和生态内的其他行业合作更加紧密，这对商业银行的合作方管理标准要求更高。在传统的业务体系中，商业银行主要对授信单位进行管理，其他合作方造成风险的压力较小，而在开放银行模式下，任何一个合作方进行违规操作都将给商业银行带来直接的风险损失，并且对商业银行欺诈、洗钱等风险防范带来挑战。例如，在2B2C模式中，银行与第三方商家联合为个人消费者提供服务，其中银行往往是提供消费信贷服务。当第三方商家与消费者之间出现纠纷时（如教育机构、租赁公司捐款潜逃等），消费者可能主观臆断银行出现联带违约，要求银行承担连带责任，这会给银行带来信用风险或者声誉风险。因此，银行有必要在事前和事中采取措施加强外部风险控制。

（一）严控准入

开放银行模式要求商业银行在接入机构准入环节即开展严格的审查准入，否则资质不佳的合作方接入将增加业务风险。这就要求商业银行提升自身科技能力和行业研究能力，对接入方的业务有较为深入的了解，了解接入方的产业链和业务模式，对其业务拓展环节具有较好的把握，能够主动鉴别接入方的操作是否存在异常，并对接入方的资质情况进行确认。

另外，在开放银行模式下，商业银行也可以考虑与相应的行业协会或核心企业达成战略协议，通过这类产业相关机构了解接入方的产业链位置和经营情况，把握该接入机构的行为，判断异常操作。通过第三方协助进行机构判断的同时，也可以帮助银行积累产业认知经验，提升银行自身进行接入机构判断的能力，形成良性循环。

（二）发展智能违规操作判别

传统的银行业务模式已经形成了较为完善的风险防控、反欺诈、反洗钱操作规范和流程，但在开放银行模式中对违规操作造成的此类风险的防范能力仍较低，可能出现对开放接口二次打包或违规越权调用接口等操作，而该类操作的隐蔽性更高、方式更加多样。

为有效防范开放银行模式下由接入方违规操作或误操作造成的超范围使用银行服务的风险，商业银行应在传统业务风险控制流程上注意增加智能识别功能，以金融科技的方式鉴别违规操作，降低风险防控的边际成本，提高风险防范的预判性，这将是适合开放银行避免外部违规、超限操作的有效途径。

参考文献

[1] 中国银行业协会，普华永道.中国银行家调查报告2018[M].北京：中国金融出版社，2019.

[2] 李燕，蔡凯龙.开放银行中的数据共享问题初探[J].中国银行业，2019（7）：31-33.

[3] 李鑫.境外开放银行的发展及影响[J].中国银行业，2019（7）：40-43.

[4] 林毅夫.多边开放银行助力可持续发展目标的实现[N].社会科学报，2018-08-16（001）.

[5] 周科.开放银行理念的缘由、实施和挑战[J].清华金融评论，2018（6）：74-76.

[6] 陈翀.第三方开放银行平台模式[J].中国金融，2017（20）：78-79.

[7] 同盾科技有限公司.开放银行全球创新发展与监管实践研究报告（2019）[R].2019.

[8] 孟雨婷，陈信，宣昌勇.浅析大数据对我国商业银行的影响[J].淮海工学院学报（人文社会科学版），2019，17（6）：98-101.

[9] 杨强，刘洋，程勇，等.联邦学习[M].北京：电子工业出版社，2020.

[10] 易柏伶.区块链+数据隐私安全：打破数据时代"环形监狱"的利器[EB/OL].（2019-04-02）.https：//mp.weixin.qq.com/s/BZcxaNKM10k1Ry16O1Lu1g.

[11] 胡稚弘.物联网金融创新助力工行智慧转型发展[J].中国金融电脑，2018（2）：34-38.

[12] Gartner：探索开放银行平台业务模式[J].中国金融电脑，2019（10）：83.

[13] 李兵.普及金融标准，提升服务质量：记金融标准在中国工商银行互联网金融三大平台的实施[J].中国金融电脑，2018（10）：36-38.

[14] 陈龙强，于浩瀚，李佳，杨坤. 百信银行：金融云上的智能银行 [J]. 金融电子化，2018（6）：42-44.

[15] 陈龙强. 无处不在的开放银行 [J]. 当代金融家，2019（Z1）：66-68.

[16] 于浩瀚. 构建面向开放银行的创新科技管理体系 [J]. 中国银行业，2019（05）：86-88.

[17] 陈龙强，刘峻榜. 独立法人直销银行面面观 [J]. 银行家，2020（3）：14-17.

[18] 许可. 开放银行的制度构造与监管回应 [J]. 财经法学，2019（5）：122-136.

[19] 李欣."引进来"与"走出去" 金融科技助推开放银行 [J]. 金融博览（财富），2019（10）：35-38.

[20] 杨兵兵. 开放银行如何开放 [J]. 当代金融家，2019（Z1）：59-62.

[21] 蔡文德，曾晓立. 开放银行国际监管经验借鉴及启示 [J]. 金融科技时代，2019（4）：23-27.

[22] 李勇，陈方敏，杨琨，杨明娜. 我国社会信用体系建设探析：基于多维视角 [J]. 成都大学学报（社会科学版），2019（2）：7-12.

[23] 张明春. 数字时代背景下基层金融消费者权益保护问题探析 [J]. 金融科技时代，2020，28（3）：78-82.

[24] 罗航，杨卓异. 数据共享视角下开放银行生态圈的构建研究 [J]. 西华大学学报（哲学社会科学版），2020，39（1）：75-82，112.

[25] 杨东，龙航天. 开放银行的国际监管启示 [J]. 中国金融，2019（10）：78-80.

[26] 陶峰，万轩宁. 监管科技与合规科技：监管效率和合规成本 [J]. 金融监管研究，2019（7）：68-81.

[27] 谭明红. 发展开放银行面临的问题及建议 [J]. 金融科技时代，2019（6）：24-26.

[28] 陈筱然，邱峰. 银行业转型新模式：开放银行运作实践及其推进 [J]. 西南金融，2019（9）：48-55.

[29] 米晓文. 美国金融消费者权益保护创新与发展的经验借鉴 [J]. 区域金融研究，2019（7）：69-74.

[30] 杨望，王姝妤. 开放银行国际范式与中国实践 [J]. 中国金融，2019（11）：24-26.

[31] 谭志斌. 中小商业银行的开放银行发展策略研究 [J]. 长春金融高等专科学校学报，2019（3）：13-20.

[32] 莫开伟. 建设我国开放银行应着力突破五大瓶颈 [J]. 杭州金融研修学院学报，2019（2）：55-57.

[33] 王蕊，颜大为. 开放银行生态圈的理论基础、经验探索与发展路径 [J]. 西南金融，2019（11）：70-79.